東大教授が教える 知的に考える練習

柳川範之

草思社文庫

はじめに

今の世の中には、たくさんの情報があふれています。スマホやタブレットを開けばインターネットを通じて、世界中のありとあらゆる情報にアクセスすることができます。でも、あまりにも情報が洪水のようにあふれているために、どの情報を信じていいのか迷ってしまう、たくさんの情報を使って何をすればよいのかよくわからない、そんな声も耳にします。むしろ情報がありすぎて、じっくり考える時間が取れないと悩んでいる人も多い気がします。

そもそもじっくり考えるとはどういうことなのか、というのも、あらためて問われるとなかなか答えにくい質問です。情報がたくさんあふれていて、そのうえ人工知能（ＡＩ）が発達していくといわれている時代。そんな時代には、仕事で活躍するためにも、あるいは人間の強みを発揮していくためにも、じっくりしっかり考えることが大切ではないか。

なんとなく漠然とそんなふうに思っていても、いざとなるとどうしてよいかわからない。本当は、きちんと何かを勉強したほうがいいと思うのだけれど、そんな時間もないし。そんなふうに悩んでいる人も、きっと少なくないに違いありません。

この本は、そんな方々のために、じっくり知的に考えるためには、どうしたらいいのか、その方法を私なりに解説したものです。けっして難しく考える必要はありません。何か高度な勉強をしなければならないわけでもありません。

ただ、頭の使い方のクセをつけることは必要だと思うのです。例えば、毎朝歯を磨くといった生活習慣は、頭でわかっていただけでは駄目で、クセをつけることが大切でしょう。そうすれば、自然と身体が動くようになります。

しっかり考えるという作業も、実は、それとあまり変わらないのです。良い方向に頭を使うクセがつけば、難しいことを考えなくても、自然とできるようになっていきます。

ただし、クセをつけるためには、ある程度、練習が必要なことも事実です。いきなり明日からクセがつくというわけには、残念ながらいきません。でも、地道に練習していけば、やがて必ずクセはつき、知的に考えられるようになっていきます。

そこで、この本ではどんなふうに練習をしていけば、しっかりと深く考えるクセがついていくのか、そしてそのクセを使って、大量の情報にどんなふうに接していけばいいのかを順を追って説明していくことにします。

そうはいっても、実は大量情報への接し方は極めて簡単です。それは、「流しっぱなしにする」だけです。難しく考える必要はありません。とにかく、目にする、あるいは耳にする情報を、そのまま頭の中に流しっぱなしにしておけばいいのです。

昔であれば、大事だと思った新聞記事等を切り抜いてスクラップブックをつくったりしたものです。しかし、今は変化も速く、入ってくる情報も大量なので、そのような処理の仕方ではとても間に合いません。みなさんも、スクラップブックとまではいかなくても、あとできちんと整理しよう、まとめて勉強しようと考えて、ためてみたものの、そのままになってしまったり、整理しきれなくなってしまったりした経験がおありではないでしょうか。

だから、無理して、ためて整理をしようとしたりせず、情報はそのまま流れるままにしておけばよいのです。なぜなら、大事な情報は自然と頭の中に残っていくものだからです。

言い換えると、工夫をして、クセをつける必要があるのは、情報への接し方や情報収集の仕方ではなくて、むしろ、「どのように情報が頭の中に残るようにするか」という点にあります。ここに大量の情報に接しながら、かつ、しっかり考えるという、ちょっと矛盾しているようにも見える二つのことを実現させるカギがあります。

そのための工夫を、この本では、「頭に網を張る」と表現しています。うまく網が張られていると、そこに大量の情報が流れ込んできたときに、良い情報が網に引っかかって、残っていきます。そして、残ったものがまた網の一部となって、さらに良い情報を頭の中に残す役割を果たしてくれることになります。

ですから、この本でこれから説明していくのは、どんなクセをつければ、そんなふうに、頭の中にうまく網が張れるようになるのかです。これもけっして難しいことではありません。大事な点は、練習を重ねていって、しっかり網を張るクセをつけるところにあるのですから。

今は、情報がたくさん手に入るだけに、自分で考えることの重要性が高まっている時代だと思います。ほかの人でも手に入れられる情報の受け売りではなく、自分自身の考え、メッセージを持つことで、強みを発揮できるからです。

だから、注意してほしいのは、考えるといっても、必要なのはみんなが良いと思っている「正解」を一生懸命考えることではないという点です。多くの人は、何かの問題に直面したときに、まわりがどう考えているのだろうとか、偉い人は何と言っているのだろうという具合に、周囲の人が考える「正解」を追い求めがちです。しかし、ほとんどの場合、そんな「正解」は存在しません。

ぜひ、そのような「正解」ではなく、しっかり考えて、自分なりの「解決策」を探してほしいと思います。そうすれば、ほかとは違う自分自身の考えが生まれてくるからです。

私自身は、今は、東京大学で教えていますが、普通とは経歴がだいぶ変わっていて、大学入試も受けたことがなく、高校にもまったく行きませんでした。父親が海外勤務だったために、日本の中学を出たあと、ブラジルに行きました。

ブラジルでは、現地校がポルトガル語だったため、学校にはまったく行かず、独学をして過ごしました。ブラジルに持っていった日本の参考書や問題集を自分で勉強していたのです。その後、大学入学資格検定試験を日本で受けて、今度はシンガポールに行きました。やはり、父親の転勤が理由です。

シンガポールでは、慶応義塾大学の通信教育課程に入りました。ここでも基本的には独りで勉強していました。最初は、公認会計士になりたいと思っていたので、会計士の勉強を、やはり独学でしていたのですが、その後、経済学のほうがおもしろくなってしまい、結局東京大学の大学院に進むことになります。

このあたりの経緯や苦労は、前著『東大教授が教える独学勉強法』（草思社）で詳しく書いているのですが、いずれにしても、結果的に「自分自身で考える」という作業をしていかざるを得ませんでした。そのため、自分で試行錯誤しながら、自分なりの考え方を身につけていくことになりました。

その当時と今との大きな違いは、情報量です。当時は、まだインターネットもなく、日本の本や雑誌も手に入れにくかったため、入ってくる情報はかなり限られていました。父親が職場から持って帰ってくる日本の新聞は貴重な情報源でしたから、隅から隅まで読むことも多かったですし、参考書なども手元にある少数のものを使うしかありませんでした。

それに比べて今は、放っておいても大量の情報が、ネットやSNS等を通して、あるいは研究会等を通して、私に流れ込んできます。圧倒的な情報量の違いです。そのため、大量に入ってくる情報をいかに自分の中で処理していくかというのは、新たに生じた課題でした。

しかしながら、振り返ってみると、土台の部分はあまり変える必要がなかったように思います。それは、自分自身でしっかり考える、という作業は、いずれにしても必要だったからです。たくさんの情報が集まるからといって、考えないですむ、考えなくても、答えが外から降ってくるというわけではなかったからです。

変える必要があったのは、やはり大量の情報をどう処理するかという部分でした。それを試行錯誤しながら実現していったのが、本書で書いているような頭の使い方、大量の情報に接しつつも、それに流されることなく、自分自身で考えるための工夫でした。

もちろん、私のやり方が「正解」というわけではないのですが、この本を通じて、みなさんが少しずつでも、考えるための工夫や道筋を知るきっかけになればうれしいと思っています。

本書の作成にあたっては、前著に引き続き、草思社の吉田充子さんに大変お世話になりました。吉田さんの情熱とご尽力がなければ、プランすらできなかったと思いますし、ましてや書き上げることなど、到底できなかったと思います。本書においても、共著者と言っても過言ではないご活躍をしてくださった、吉田充子さんに、深く感謝したいと思います。

２０１７年12月

柳川範之

本文イラスト＝浅妻健司

東大教授が教える　知的に考える練習◉目次

1章

情報洪水時代で変わる「頭の使い方」

2章　頭の中に質の良い情報が集まる「網」を張る

3章

知的に考えるための「調理道具」を揃える

4章

情報は流れてくるまま、流しっぱなしに

5章　頭に残った情報は熟成し、やがて知性に変わる

1章

情報洪水時代で変わる「頭の使い方」

情報洪水時代、新しい頭の使い方が求められる

私たちが生きている現代は、ネットの爆発的な普及によって、情報がまさに洪水のようにあふれている時代です。今や誰もが大量の情報を簡単に手に入れられるようになりました。

かつては、わからないことがあれば図書館などで本を読んで調べ、それをもとに自分なりの考えをまとめていったものでした。しかし、現在はネットを見れば、瞬時にさまざまな情報が得られます。

こうしたネットの爆発的な普及は、私たちの「頭の使い方」にも大きな変化をもたらしました。

一つ目の大きな変化は、単純な知識はネットで調べればすぐにわかるようになったので、覚えるためにわざわざ頭を使う必要がなくなったことです。暗記

をすることの価値が相対的に低くなりました。これはプラスの側面といえます。

もう一つの大きな変化は、それにともなうマイナスの側面で、あまりにも情報が簡単に手に入るようになったために、自分で考えたり、工夫したりするクセがつきにくくなってしまったことです。情報の量が膨大であるために、頭を使わなくても、得た情報をそのまま口にするだけで、それなりの形になります。大学生がレポートを書くにも、さまざまな情報をコピペ（切り貼り）するだけで、内容はともかくとして、形にすることができます。考えるよりはググッたほうが早いという感覚は、今の若い人にはとくに強いと思います。

確かに楽になったかもしれません。しかし、そこには「考える」という工程が完全に省かれてしまっています。自分の頭で考えることなく、ただ流れている情報を右から左に適当に組み合わせただけで、あたかも自分の意見のようになっている状況が多いのです。

でも、人工知能（ＡＩ）の急速な進歩が叫ばれ、変化が激しい時代に、それで本当によいのでしょうか？

わかりやすい例で考えてみましょう。例えば、大切な人を素敵なレストランに連れていく場面を考えてみましょう。お店を決めるための方法は大きく分けて、二つあります。

一つは、インターネットのランキングサイトを調べるなど、情報をとにかく集めて、世の中の多くの人が良いと思っている店を選ぶ方法です。とにかく世間の評価が高い店を選んで連れていくわけです。

もう一つは、相手の好みや関心を考えつつ、これまでどういう料理を褒めていたかを思い出し、自分で工夫して店を選ぶ方法です。ネットの情報だけでは不安な場合は、自ら足を運び、自分の目で確かめることもあるでしょう。

前者の、ネットで世間の評価が高い店を探そうとする心理の背景には「みんなが良いと言っているものが正解」という考えがあり、無意識に「正解」を探そうとしているようにも見えます。

もちろん、ネットからいろいろな情報を得ることは大切ですが、それだけで決めるやり方の場合、みんなが良いと思うものを探すのに頭を使っていることになります。

それに対して、さまざまな条件を考慮に入れつつ、自分で工夫して店を選ぶ後者の場合には、工夫して探している点で、頭の使い方がまるで違っています。どちらのほうが「頭を使って考えている」かといえば、後者のほうであることに異論はないでしょう。

とはいっても、おそらく大都会でレストランを選ぶ限りは、この二つの方法で選んだ店には結果的に大きな差はないでしょう。もしかすると、ネットで選んだほうが、「評判のお店だね」とかえって喜ばれることもあるかもしれません。

違いが出るのは、何か想定外の状況が起こった場合です。例えば二人で発展途上国に旅行しているときに急にネットがつながらなくなったとしたら、どうなるでしょう。情報が入ってこないのですから、世間の評価を調べることができません。

そうした予期せぬ状況に直面したときには、どちらのほうが相手を満足させるレストランを見つけられるでしょうか？　それは、日頃から相手の好みを調べて自分なりに店を探す頭の使い方をしていた後者のほうではないかと思います。

これは極端な例ですが、普段から頭の使い方を工夫している人とそうでない人では、いざというときの行動に大きな差が出るのです。

そして実は、このような頭の使い方についての工夫が、今ほど必要とされている時代はないのです。なぜなら、大きな変化が社会全体で起きていて、「発展途上国で突然レストランを選ばなくてはならない」ような事態が、あちこちで発生しているからです。

歴史的に見てもいろいろなことが変わろうとしている時期でもあります。今までの延長線上を走っていけば、そのまま成功が約束されるとは限らないという事態が、さまざまな分野で起こっています。これまでは、ホームに入ってきた電車に何も考えずに乗り込めば目的地に着けた時代だったかもしれません。けれども、今や、いつの間にか電車の行き先が変わっていたり、目的地の駅がなくなっていたりするような事態が起きる時代になってきています。目的地にちゃんとたどり着けるのか、自分の頭で判断する必要があります。

変化の激しい時代に突入している今だからこそ、どこまでしっかり頭を使って考えられるかが重要になっているのです。

なぜ「考える」ことの価値が高まってきたのか

過去にも、明治維新や終戦直後のように、社会や価値観が大きく変化した時代がありました。世の中がまるで変わってしまったので、過去の延長線上での発想がまったく通用しなくなってしまったのです。そうした時代に成功した人というのは、頭の使い方を切り替えることで、新しいチャンスを見出した人でした。

今は、そんな時代とよく似ていると私は感じています。

どちらかといえば、明治維新後というよりは、江戸末期の状態に近いのかもしれません。何も、これから革命が起きると言いたいわけではありません。けれども、今までの仕組みが大きく変わっていく可能性が高いと私は思っています。とはいえ、本当の変化はまだ起きておらず、そこまでの混乱もありません。やがて訪れる変化の前で、新しいものと古いものとが、せめぎ合っている時期だと考えるといいかもしれません。

少し前に放送されたＮＨＫの朝のドラマで、主人公の家が両替商から銀行になるべきか、みんなで思案するシーンが出てきました。あれは、時代の境目での悩みの典型例かもしれません。ある人は、銀行なんていう訳のわからない仕事をするよりも、これまで何百年という伝統のある両替商を続けるべきだと言い、別の人は、時代が変わるのだから両替商も銀行に衣替えすべきだと主張していました。今までの経験が単純には通用しない判断をしなければならなかったという意味で、なかなか難しい選択を迫られていたのです。

現代でいえば、これまで終身雇用の大企業に勤めていたほうが安泰だったのだから、それを変えないほうがいい、下手なことを考えずに今までと同じやり方が一番の成功への近道だという人もいれば、もうそんな時代ではないという人がいるような、まさに価値観のせめぎ合いです。

頭を使うことに対しての変革が必要になってきている、大きな要因は人工知能（ＡＩ）の発達でしょう。近年、マスコミで取り上げられることが多くなったように、人工知能の発達は目覚ましいものがあります。囲碁の世界一といわれる人間に、グーグルの人工知能が勝ってしまった事実は、単純な作業だけではなく、高度な知的作業についても、人工知能がやってしまうのではないかという危機感をみんなに抱かせました。私自身は、一般に騒がれているほどには、人間の仕事は簡単には奪われないと考えていますが、かなりの変化が世の中に生じることは間違いないでしょう。大企業の中の仕組みや官僚制度も含めて、明治維新のときのように社会ががらっと変わる可能性も大いにあります。

もはや人類の歴史の中でも産業革命に匹敵するぐらいの革新が、良い悪いは別にして起きてしまっているという人もいます。その程度はさておき、この技術革新が社会や経済を大きく変えていく可能性は高いでしょう。

そうなると、大切なことは、時代の変化にいかに対応していくか、そして変化に対応できる能力をいかに身につけていくかでしょう。その際に重要なのが、このしっかり「考える」という作業なのです。

もちろん、いつの時代でも「考える」ということは大事だったはずです。「考える」やり方も、昔も今も本質的には変わらないでしょう。しかし、今のような変革期だからこそ、とくに自分の頭を働かせて、考えていくことの重要性が相対的に高まっているのです。

変化の時代に必要とされる頭の使い方

では、これからの時代、どういう頭の使い方が必要なのでしょうか。

変化の激しい時代に必要な頭の使い方というと、できるだけ多くの情報を集めて、できるだけ正しく未来を予測するといったことを、イメージする人は少なくないでしょう。しかし、多くの情報を集めても、世の中が予想もしない形で変わると、それらがあまり役に立たなくなってしまう可能性があります。つまり、変化の時代とは、将来が見通しにくい時代でもあるのです。

このような時代に必要なのは、ただ情報をかき集めることではなく、自分なりの発想や、自分なりの考え方を組み立て、情報を処理することです。

これからの時代には、人と違うことが考えられて、人と違うことができることに、本質的な価値が生じるのだと私は思っています。情報収集が劇的に楽になった分、「考える」ウエイトはますます重くなっています。いわば、みんなと同じ情報を材料にしながら、いかに新しく、人とは違う発想で、おもしろいことを考えつくか、そういう点での「考える」力がより求められているのです。

一方、人と同じことが考えられる、あるいは人と同じ正解が出せるという頭の使い方は、これからの時代には相対的に重要度が低くなっていくでしょう。

しかし、日本ではまだ大部分の人は、人と違うことに強い抵抗感を持っているように感じます。私が講演や談話会などでこのような話をすると、決まって「人と違っていたら困らないのでしょうか」とか「人と違う答えを出して間違っていたらどうするんですか」という反論が返ってきます。

しかし、実はこれからのビジネスチャンスや人生のチャンスは、人と違うことを追い求めることによってやってくるのです。仕事の中身によって多少の差はあるかもしれませんが、人と同じことをしている限り、付加価値は生まれてきません。誰もが同じような情報を簡単に手に入れられるのですから、同じ技量の競争相手は増える一方だからです。企業にしても同じことで、他社と同じ商品やサービスしか提供できなかったら、激しい価格競争にさらされるだけです。

これまでのビジネス上の大きな発展や成功を見ても、人と違うものを考え出したからこそ成し遂げられたことが多いのです。ましてや、情報があふれている現代ではなおのこと、人ができないことをすることに、いっそう価値が出てくるのです。

必ずしも革新的な製品をつくる必要はないのです。たとえ価格競争になったとしても、他社と違うコスト低減のアイデアがあれば、市場競争で勝ち抜くことができるでしょう。

そう考えると、アイデアや発想次第でずいぶん見える世界が変わり得る、おもしろい状況になってきたともいえます。

いまだに「正しさの基準」に縛られている日本人

これは日本だけの課題ではありません。世界を見てもかなり将来の見通しが悪い時代になっているといえます。何をつくれば消費者が喜んでくれるのかがよくわからず、明確な開発の目標が容易に見つからないという状況に世界中が変わってきているのです。

ですから、世界的に見ても、より違うアイデアを出す、人にない発想をするということの重要性が高まっているというのが現代です。

ところが、世の中で必要とされる能力が変わっているにもかかわらず、いまだ日本では人と違うことに対しての抵抗感が根強くあります。人と違う意見を臆せずに出すべきと頭では思っても、なかなかできないという人も多いのではないかと思います。

その原因の一つは、日本がまだ、発展途上国型のシステムから抜け出せていないからでしょう。

発展途上国にとって大切なのは、先進国が示すお手本を真似ることです。かつての日本でいえば、フォードのような自動車、GEのような家電というお手本があったので、その通りに間違えないようにつくるのが大事でした。

つまり、お手本通りにするという「正しさの基準」があったのです。違うことをやったらどうなるかとか、ここを入れ換えたらどうだろうなどと、余計なことを考えている暇はありません。ごちゃごちゃ考えていると脇道にそれて、それだけ追いつくのが遅れてしまうので、一直線にお手本に近づくのがベストだったのです。

明治以来、日本の教育も企業の体制もある意味では、このように余計なことを考えずに、まっしぐらに目標に向かって進むものだったのです。

確かに、先進国に追いつき追い越せでやってきた時代の日本は、それで問題がありませんでした。しかし、日本はいつの間にか先進国になってしまって、もうお手本はどこを向いてもありません。もはや、正しいか間違っているかではなく、とにかく新しいことを考え出していかないことには先に進めなくなっているのです。

にもかかわらず、日本の社会の判断基準は、100年前と根本的には変わっていません。「正しさの基準」というものが厳然としてあって、それを目指してみんなと同じことをするのが基本にあるのですから、「自分なりに考える」という意識がどうしても低くなってしまうのです。

「正解」を探すことは考えることにつながらない

多くの人が大量の情報を見て、世間で評価されているものを探すというやり方をしているのも、こうした発想を多くの人がしているからで、無意識に「みんながいいと言っているものが正解」だと思ってしまっているせいでしょう。

自分がどう思うかよりも、ほかの人がどう思っているかを重視する。これからの社会を考えたときに、この点は大きな問題だと思います。正解のある問題に慣れきってしまって、レストラン選びでも正解を探そうとする傾向がありま す。

しかしながら、世の中の問題で、正解があるものなんて実はほとんどどこにもありません。正解を探そうとすると、むしろ考えることにはつながらないのです。

そもそも、私たちは「正解」を探すために考えるわけではありません。何か問題があって、それがうまく解決することを目的にして考えているのです。それは生活の問題かもしれませんし、仕事上の悩みかもしれません。

例えば、恋人にどんなプレゼントをしたら喜んでもらえるかを考えることもあるでしょうし、起業するにはどうすればうまくいくのかを考えることもあるでしょう。そして、うまくいかせるためには、さまざまな判断や決断をしていくことになります。

どちらにも共通しているのは、考えることによって、より良い解決策を導き出すということです。きちんと考えられていれば、自分の中で自信を持って選んだり、決めたりできるようになります。結果、ものごとがうまくいくというわけです。

そういう広い意味での「解」を導き出すために考えるのだと思うのです。それはあくまで「解」であり、「正解」ではないのです。

本来「考える」ことは学校の勉強の中で身につけるものでした。勉強とは、何か現状の問題に対しての解決策や改善策を考え出すことが目的だったのです。ところが、受験勉強の関係か、「考える」よりも「暗記」することに時間を費やすようになってしまいました。今は少し改善されているようですが、学校で「考える力」を身につけることは、残念ながら難しいのが現状です。「考える」力を身につけないまま社会に出てしまうと、為す術《すべ》もなく大量の情報に流されることになってしまうのです。

考えるとは情報を「調理する」こと

では、「考える」とは具体的にはどういう行為なのでしょうか。この本の大きな目的の一つは、この「考える」という作業を見える化して、多くの人が考えるという作業をしやすくすることにあります。

私は、「考える」という作業は、「情報を調理すること」だと思っています。大量の情報を適切に「調理して」、変化の時代に有意義な解決策を提示できるような「良い料理をつくる」ことが、これから必要とされる「考える」プロセスです。

もぎたての野菜のように、よほど新鮮でおいしい素材であれば、それをそのまま料理として出して喜ばれることもあるでしょう。しかし、ほとんどの場合には、それぞれの素材を、一定期間寝かせたり、火を入れたり、ほかの素材と組み合わせたり、調味料を加えたりして、食べる人が喜ぶ料理に仕上げる必要があります。

実は、考えるというプロセスも、これとよく似ています。よほど新鮮で優れた情報でない限り、その情報を右から左に流して、良い解決策になることはほとんどありません。自分の中でその情報を、一定期間寝かせたり、さまざまな角度から検討したり、ほかの情報と組み合わせたり、価値判断を加えたりして、有意義な解決策を導き出せるようにしていく必要があります。これが情報を適切に調理することであり、考えるという作業です。

さまざまに入ってくる情報を適切な形で「調理して」、新しい環境に置かれたときに、あるいは難しい判断を迫られたときに、良い解決策を、「良い料理」として提示できる人が、これからは求められています。ですから、しっかり考えて、良い調理ができるようになることがより重要になってきているのです。

「知る」と「わかる」の違い

もう一つ重要なことは、「考える」というのは、疑問を持つことでもあるということです。考えるとは、疑問を持って答えを探すことなのです。「なぜ?」という問題意識を持つからこそ、考えようというきっかけが生まれるのです。

残念ながら、日本人は問いを持つという意識が希薄です。講義や講演が終わったあとで、質問はありませんかと尋ねてもなかなか手が挙がりません。指名しても「ありません」という人が多いのです。しかし、理解するということは、問題意識を持つことにほかなりません。「なぜか」という考えるプロセスを通して加工していないと、結局は真の理解ではないということです。

同じように、本を読んだ人、あるいはセミナーに出席した人が、「わかったので質問はありません」ということもよくあります。でも本当は、問いかけや質問がなしでは、理解は進まないはずなのです。真の理解とはそういうものです。

多くの人たちがやっているのは、インプットした情報を、そのまま頭の倉庫の中に入れる作業です。それは理解というよりは、単に情報が頭の中に入っているだけに過ぎません。いわば「知っている」というだけの話であって、「理解している（わかる）」ことにはならないのです。ここは大きな誤解があるところです。

「知っている」と「理解している」との間には大きなギャップがあります。理解しているというのは、その情報や知識を完全に自分のものにして、何かあった場合、臨機応変に使えるということを意味しています。いわば構造や本質をつかんでいるということです。あとの章で詳しく説明するように、構造をシンプルな形で理解しているからこそ、環境変化に応じて、その情報や知識を少しずつ変化させたメッセージにして出せる状態になるのです。

例えば、泣いている子どものしつけ方を親子教室で教えられたとしましょう。

その情報が頭に入ったからといって、泣いている子どものしつけの仕方を完全に理解したといえるでしょうか。おそらく、いえないと思います。

というのも、子どもの泣き方や状況は千差万別で、親子教室で見た例に限れば理解したといえるかもしれませんが、状況が変わってしまえば通用しないかもしれません。ある程度状況が変わっても、まずまず子どもをしつけることができて初めて、理解したといえるのではないでしょうか。実は、これこそが知識を知恵に変換するということなのです。

では、「知識」を「知恵」に変換するにはどうしたらよいのでしょうか。そこに必要なのが「問い」であり「問題意識」なのです。「あのときには泣きやんだから、じゃあ状況がこう変わったらどうすればよいだろう」と、つねにいろいろな角度から自分に問いかけることで、子どものしつけというものの本質をつかんでいくことができるのです。そこで初めて「知っている」ことを超えて「理解した」といえるわけです。

頭の良さには2種類ある

普通、世の中でいわれている頭が良い人というのは、頭の回転が速い人のことを指すことが多いと思います。瞬発力みたいなものがあって、わりと速い判断ができる人を評価する傾向にあります。そういう能力は、仕事によっては大事な場合もあるのですが、年を経てくれば経るほど、仕事でも生活でも瞬発力ではなく、深く考えて判断ができるかどうかのほうが要求されることが多くなっていきます。

この二つはよく混同されていて、多くの場合、頭の回転が速ければちゃんと考えられていると誤解していると思います。

しかし、私はこの二つの能力はかなり違う能力ではないかという気がしています。瞬発力はないけれども、わりとしっかり考えられているタイプの人が結構いるのです。

東大生の中にも、すごくのみ込みが早く、素直にいろいろなものを受け入れていくタイプの人と、時間はかかるけれども、自分で考えて何かを生み出すタイプの人がいますが、やはり自分で考えられる学生のほうが強いし、その後伸びていく気がします。

ところが、現実にはどちらかというと、薄く速くものごとを理解したり判断したりする人が増えている傾向にあります。これは学生でもそうですが、社会人でもそうだと思います。また、経営者や政治家等にもその傾向があるように見えます。

きちんとした比較をしたわけではありませんが、昔はどちらかといえば、じっくり腰を落ち着けて、深くものごとを考えて決断をする人が多かった気がしますし、またそのような人を尊重する風潮があったように思います。

それに対して、現代では、どちらかというと速くいろいろなことを知っていたり、わかる人のほうが相対的に評価されている気がします。

その背景には、日々情報を追うだけでも忙しく、世の中の変化も速いせいもあって、そんなに深く考えている暇はないと、多くの人が反射神経的に行動してしまっていることがあるのでしょう。しかし、一方では、今はいろんなことが変わろうとしている時期でもあり、本当はどこまでしっかり考えて行動できているかどうかで大きな差が出る時代なのです。

ですから、今は矛盾するようにも見える二つの方向に世の中が進んでいるといえます。情報洪水によって、目先の生活は日々の処理に追われることになっている一方、本当に要求されているのは、じっくり考えることで、それが将来を決めるような状況になっているのです。

まわりの評価に合わせるより、自分で考えた結果に意味がある

現代人の大きな問題点は、自分の頭の中で時間を取るよりも、ほかの人がど

う思っているか、ほかでどんな評価をされているかという観点で情報収集に懸命になってしまうことです。

最近では、転職や結婚などの人生の悩みや迷いに突き当たったときでも、ネットで悩み相談を検索して、上位に出てくる二つ三つのサイトを表示し、そこに書かれたアドバイスを読んで「なるほど」と思うといった情報処理が多くなっている印象です。

つまり、人生の悩みや迷いすら、ネットが用意した答えの候補の中から、「正解だ」と感じたものを選んでくるわけです。ここまで読まれた方はおわかりかと思いますが、それでは良い解決法にはならないのです。人生の問題についてならなおさら、万人に共通する正解などないからです。自分の頭の中で考えるプロセスを通して初めて、その人なりの良い解決方法やより良い選択が導き出されるのではないかと思うのです。

結局のところ、「考える」とはそこにつきるかもしれません。社会全体の評価に合わせることよりも、自分自身で考えることに意味があるのだということです。

ところが、まだまだ今の日本では人の評価を気にしがちです。こういうアイデアを言ったらどう思われるか、馬鹿にされないかと心配する気持ちのほうが強いのだと思います。

本来ならば、社会のあり方としてオリジナリティーを評価するようになるべきだと私は思います。些細なことでもいいので、他人と違うアイデアを出したり、他人と違うことを言ったりした人を評価する社会が必要です。そうなってくると、誰もが他人と違うことを一生懸命考えるようになり、自分の頭を使っておもしろいアイデアを出してくるようになるでしょう。

もちろん、今すぐに人の意見を無視して、ぽんぽん自分の意見を言いましょうというのは、なかなか難しいと思います。しかし、これからは徐々にそういう時代に変わっていきます。おそらくどこかの瞬間にそうした能力を必要とするステージが来るのだと思います。ですから、今のうちに頭を使って考える力をきちんと身につけておくと、今後起こる激動の時代の幕が切って落とされたときに、とても役に立つと思うのです。

本書で身につけてほしい力

人生にはさまざまな岐路があります。

それぞれの岐路で、「問題解決のため」「人生をうまくいかせるため」「より良い生活のため」等々、生きていくうえで直面する課題や目標、あるいはやりたいことをより豊かにできるようにする。そのためには「考える」ことが大切です。

人と違う発想やアイデアが必要というと、ビジネスのイメージが強いかもしれませんが、「考える」というのは狭い意味でのビジネスの話だけではないのです。この本は、どちらかというとそちらに焦点はありません。

なぜかといえば、「考える」やり方というのは、仕事で悩んでいる人でも、進路に悩んでいる人や友人関係で悩んでいる人でも、基本は同じだからです。その基本を身につけてほしいと思っています。

これからはさらに情報の出方も変わってくると思います。今より情報が増えることはあっても減ることはないでしょう。受動的にしていても情報がどんどん入ってくる中で、それをどううまく使って、自分独自のアイデアを生み出すことに役立てればいいのか。

もちろん、それにも「正解」があるわけではありません。この本では、私が普段から意識して行っている「考える」やり方を紹介していきたいと思います。それは、いわば、人生の本質的なところにも使える普遍的な「頭の使い方」ともいえます。

コラム❶

決めていくことで頭に判断基準ができる

ここではっきり断っておきますが、考える能力というのは、頭の良し悪しとは関係ありません。それは習慣やクセの問題なのです。

そして、そのクセというのは、本来は幼稚園や小学校低学年の頃、物心ついたときにつくものです。現に幼い子は、しょっちゅう「これはなぜ?」「どうして?」「何でこうなるの?」とよく聞きます。もしあの問題意識を、ずっとそのまま育んでいくことができれば、大人になってもよく考える人間になるはずです。

もちろん、大人になってからそういうクセをつけることも可能です。ただし、その場合幼い頃から、素直に言うことを聞くのに慣らされてきていますから、意識的にクセをつけていくことが大事です。

例えば、ランチのメニュー選びを人任せにしないで、自分で主体的に選ぶというのも、クセをつける第一歩だと思います。それまでは、何も考えることなく仲間と同じものを選んでいたり、グルメ雑誌のおすすめのメニューを選んでいたところを、これからは自分の頭で決めていくのです。

メニューを自分で決めたからといって、人生がすぐに変わるわけでもありませんが、そういう日常的なことから自分で考えるクセをつけることが大切なのです。でも、そういうことをいうと、「では、どういう判断基準で選べばよいのか」と疑問に思う人が出てくるかもしれません。

確かに判断基準は必要ですが、判断基準があるから決められるのではありません。決めていくから判断基準ができるのです。何度も試行錯誤していく中で、結果が蓄積されて自分独自の基準ができるわけです。

例えば、食後のデザートを、これまではずっとお姉さんに決めてもらっていたとします。そうすると、いきなり自分で決めましょうといわれても、どうしてよいかわからないでしょう。これまでは人に選んでもらっていたのですから、どれを選べばよいかなどという基準はありません。かといって、グルメ雑誌を見てどれがよいか選ぶのでは自分で頭を使ったことになりません。

ではどうすればよいかといえば、とにかく、まずは決めてみることです。決めていけば結果的に少しずつ自分の基準が形成されていきます。「判断基準ができないと決められない」ではなく、決めていくことで基準ができてくるのです。

映画でも本でも同じことがいえます。どれが良い映画か、どの本がおもしろいかなどは、最初から誰にもわかりません。とりあえず観たり読んだりしていくうちに、「こういうのは好きだ」「これはちょっと苦手だな」と、自分の中で基準としてだんだんと見えてくるものがあるはずです。とにかく「こなす」ということが大事なのです。こうしたプロセスを通して、自分で考える力が少しずつついていくのです。

2章

頭の中に質の良い情報が集まる「網」を張る

考えている人といない人は、情報の取捨選択の仕方が違う

考えるためには、まず材料が必要です。考えるための材料になるのが情報です。情報と一口にいっても、テレビや新聞のようなマスメディアのニュースから、ネットニュース、ブログ、SNSの情報など、現在はさまざまな種類があります。もちろん本も情報の一つです。

毎日流れてくる膨大な情報から、どうやって自分にとって有益なものを集めてくるかは、今や大きな課題となっています。

昔は、情報の量が限られていましたから、入ってくる情報は逃すことなく拾ってくる必要がありました。興味のある新聞記事を切り取ってスクラップブックに貼り付けたり、雑誌のページをスキャンしてハードディスクに保存していくということも、よく行われました。できる限りたくさんの情報を持って

おくことに価値があったのです。

しかし、現代はあまりにも情報があふれていますから、片っ端から保存しておこうとすると、時間と手間がいくらあっても足りません。私自身、昔に比べて見ている情報や聞いている情報は非常に多くなってきています。もはや昔のままの情報収集術では、対応できなくなってきたのです。

では、日々洪水のようにやってくる情報に、どう対応していけばいいのでしょうか？

現代の情報処理でまず重要なポイントとなるのは、大量の情報の中から自分に必要な情報をいかにうまく集めつつ、不要な情報を捨てるかということだと思います。

つまり、どううまく情報を取捨選択できるかです。取捨選択といっても、頭の中に入れる情報をあらかじめ制限したり、絞っておくことではありません。

無制限に頭の中に入ってきた情報の中から何を拾って、何を捨てるか、ということです。

この情報の取捨選択の仕方というのは、日頃、頭の使い方の工夫をしている人とそうでない人とで差が大きく出てくるところです。

実際、同じ情報に接したときでも、その情報がまったく頭に残らない人と残る人とが出てくると思います。普段から、その情報に関連することを考えている人は、大量の情報の中からその（場合によっては意外な）情報をピックアップできるのだと思います。もし多くの人が見向きもしない情報に価値を見出すことができれば、非常にオリジナリティーあふれた考える材料になるわけです。

一方、あまり考えていない人は情報が右から左に流れてしまって、あまり頭の中に残っていかないように思います。

もしかすると、普段から頭を使って考えている人の場合、情報の内容を一つひとつ吟味してからピックアップしているのでは、と思われるかもしれません。

しかし、現実的に考えてみても、大量の情報を前にして、端からすべて内容を読んで判断していくことは非常に困難です。むしろ、情報に接した時点で何か直感的にピンと来るものがあって、その情報をピックアップしたと考えるのが自然です。

では、よく考えている人というのは、どのようなメカニズムで情報に接しているのでしょうか。

あらかじめ頭の中に網を張って情報を待ち受ける

ポイントはとても簡単なことです。それは自分の関心や興味に基づいて情報に接するということです。そうすることで、その人にとって、大事な情報が頭の中に残るようになります、関心や興味が、具体的にこういう問題を解決したいという問題意識になってくると、よりはっきりと頭に残るようになるでしょう。

この点は、頭の中で必要な情報がうまく引っかかる様子を、次のように模式化してみると理解しやすいかと思います。

もともとその人にあるぼんやりとした関心事や問題意識がもとになり、頭の中にぼんやりとした網がつくられてきます。そこに情報が流れてくると、大部分は網をすり抜けていくのですが、ごく一部の情報がその網に引っかかって残っていくのです。

引っかかった情報は、時間がたつにつれてポロポロと落ちていくこともあるでしょうが、中にはその後に流れてきた情報と合わさって少しずつ育っていくものもあります。これが、その人の「考えるベース」となっていくのです。

それに対して、もともと関心事や問題意識が薄い人は、こうした網を広げていく頭の使い方をあまりしていないことが多く、結果として本当は有効な情報も頭の中に残りません。

例えば、ある映画批評サイトで、２００のレビューが掲載されていたとしましょう。考えている人と考えていない人とでは、とくにこうした雑多な情報が

頭の中に「問題意識」の網を張ろう

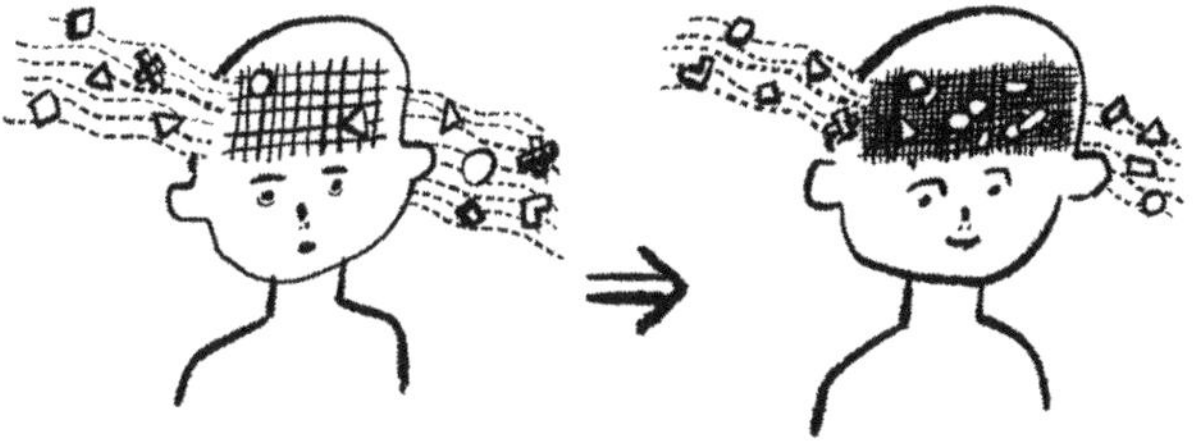

好きなこと、興味があるものに
広く網を張っておく。

網に引っ掛かる情報が増え、
やがて「考えるベース」になる。

大量にあるときに、その使い方に差が出てきます。

考えている人は、そこに書かれているレビューの内容から、見に行くかどうかの判断まで下すことができるでしょう。それは、自分自身の視点でレビューを読んでいるからです。

映像がきれいかどうか、監督の意図はどう表現されているのか、主演俳優の演技はどうかなど、自分の関心や問題意識、好奇心という視点でピックアップしていけば、雑多に見える200ものレビューから重要な情報が浮かび上がってきます。

そうした情報処理の視点があれば、大

量の情報でも自分なりの引っかけ方ができるわけです。

ところが、関心や好奇心があまりない人は、そうした視点から、レビュー内の情報がピックアップできません。となると、自分の中には選択の基準がありませんから、他人の選択基準を借りるしかないのです。その結果、評価の星の数だけで良し悪しを判断したり、ランキングの順位を基準にして行動をするしかなくなるのです。

もちろん、他人のランキングを参考にすることも大事な情報活用の一つです。でも、せっかく書いてあるレビューをさまざまな角度から活用する人とは情報の活用の仕方に大きな違いが出ているのは、明らかでしょう。

そうした人は、これまでの仕事や人生において、あまり好奇心や問題意識をベースに発想を広げる必要がなかったのかもしれません。そのため頭の中に網を張ることをしてこなかったのでしょう。決められた仕事をまじめにしていれば何も問題なかったのだろうと思います。でも、もし、そうであるならば、今の自分に警鐘を鳴らしたほうがいいかもしれません。あまり頭を使わずにルーチンワークでこなせる仕事が、今後ＡＩに置き換わる可能性が一番高いからです。

良い網を張っていると良い情報が引っかかる

『ハーバード・ビジネス・レビュー』の前編集長の岩佐文夫さんが以前フェイスブックの中で、非常に興味深いことを書いていました。

それは、どう考えるかではなくて、それ以前の情報のインプットの質が良いかどうかが大事ではないかという趣旨の内容で、私はこの意見は正しいと思っています。いくら考えたとしても、もともとのインプットの質が悪ければ、良いアウトプットは出ないと思うからです。

では、どうしたら質の良いインプットができるのでしょうか。

それには、頭の中に良い網を張ることだと思うのです。良い網を張っていると、良い情報が引っかかるのです。かなりの部分、その網の張り方で決まってくるのではないでしょうか。

岩佐さんの書き込みが私の頭に引っかかったのも、ある意味では、私が網を張っていた結果といえます。実は、「頭の中にぼんやりした網を張っていると、関連した情報が頭の網に引っかかる」という発想も、岩佐さんの書き込みがヒントになりました。

私が知りたいと思っていた関心事に対して、岩佐さんの書き込みに直接の答えが書いてあったわけではないのですが、ほとんどの情報が頭の中を素通りしていく中で、私がピンと来るものがあったので引っかかったわけなのです。情報が引っかかって網とくっついたことで、そこにアイデアが生まれました。それと同時に、また違う網が少し広がったという印象です。

このときの網の様子をイメージ化してみると、海中で養殖の海苔ができていく過程を考えるといいかもしれません。もともとは、目の粗い網を張っているのですが、海水が流れてくると海苔が少しずつそこにくっついていきます。そうして、だんだんと網の目を海苔が覆うほどにペタペタとついていき、面ができあがっていく感じです。
あとの章で詳しく述べるように、そのように積み重なった情報が、その人にとっての「思考の骨組み」になっていくのです。

今のような情報過多の時代には、すべての情報をつかまえることはできませんし、かといってすべての情報を見過ごすことはできません。そうなると、あらかじめ頭の中に網を張って情報を流していくというやり方がいいと思うのです。

そうやって、頭の中に残る情報を取捨選択していきます。そして、取捨選択した中で良い組み合わせをつくっていけるかどうか、それが独創的なアイデアや考えにつながり、その後のその人の発展を決めていく要素になると思うのです。

これまでは、それほど情報が流れてきませんでしたので、情報の取捨選択という点にあまり大きなウエイトが置かれていませんでした。むしろ、数少ない情報をいかに有効活用するかというところに、ウエイトが置かれていたのです。

さらに昔の文明開化の時代には、数少ない情報を少しでも身につけることに大きなウエイトが置かれていました。誰かが持ち帰った洋書を誰かが翻訳し、その翻訳本をもとにして解説本が出て、みんなでそれを消化するということが何よりも重要だったのです。今でも、それはある意味大事なことではありますが、残念ながら時代のスピードにはあまりマッチしなくなってきているのではないかと思います。

くっついたものによって網を太くしていく

頭の中に網を張るためには、その根本に問題意識が必要だと思います。

いくら多くの情報に触れたとしても、あとあと頭に残っていくかどうかは、やはり自分の中に問題意識や問いを持っているかどうかにかかっているのです。ただし、それは大上段に構えた問題意識である必要はなく、自分の関心事であったり、興味を持っていることであってもかまいません。

もちろん、最初のうちは、きちんとした網になっているかどうかもわからず、関心事がぼんやりとした塊となっている程度かもしれません。しかし、やがて、「どうしたらいいんだろう」とか、「こうしたらおもしろいかもしれない」という好奇心や問題意識が芽生えてくると、それに関連する情報が少しずつ頭に引っかかりはじめるのです。

問題意識というのは、いわば、情報を引っかけるためのトゲトゲのようなものです。こちらから情報収集に行かなくても、トゲトゲを出したまま、とりあえずぼーっと待っていればいいのです。その状態で、意識的、無意識的に入ってくる情報を頭の中に流していくわけです。

つまり、あまり意識をせずに大量の情報に接して、印象に残っている情報のかたまりを集めればよいのです。

その場合、情報は直接的なものではなく、むしろその問題意識に直接関係ないもののほうがよいこともあります。どんな情報でも接して、頭の中に流してみて、何かピンと来たら、それを頭の中にキープしておくイメージです。

引っかかったものが、あとになってあまりその問題意識の解決に関係がないようだとわかって、忘れてしまってもまったくかまいません。あまりそこにこだわらず、無理して頭に引っかけようとせずに情報を流していけばよいのです。

大切なのは、おもしろいアイデアが見つかればいいな、くっつくものがあればうれしいなという感覚です。四六時中考えなくてもいいのです。

こうして情報をたくさん頭の中に流していると、自然に少しずつ、印象に残ったり覚えていることが増えてきて、情報が頭にくっついてきます。そのたびに、網の上に海苔が面を広げていくわけです。

ここが重要なことですが、イノベーションや革新的なアイデアというものは、こうした状況のもと、まったく本来の問題意識と関係ないように見えるものがくっついて生まれることが多いのです。二つの物質が混じり合うことで化学反応を起こし、別の物質が生まれるイメージです。

その場合、二つのものがそのままくっついて便利な製品やサービスになる場合もあれば、まったく関係ないように見える二つのものから革新的なアイデアが生まれる場合もあります。

後者は、スティーブ・ジョブズがパーソナルコンピューターの入力装置としてマウスを初めて採用したエピソードが良い例でしょう。もともとマウスという装置は、現在の姿とはまったく別のものでしたし、ジョブズ自身もあした形で使うものを探していたわけでもなかったようです。ただ、キーボードではないインターフェイス（入力装置）が必要だとは思っていて、おそらくその問題意識はずっと持ち続けていたはずです。

とはいえ、インターフェイスそのものを探そうとしても、なかなかぴったりくるものが見つからなかったのでしょう。ところが、あるとき偶然のきっかけでそのマウスの技術を知り、「これは自分が思っていた形で使えるかもしれない」とひらめいた。そこで、二つのものが化学反応を起こして、今のマウスができたということだと思います。

こうした革新的な発見や発明は、結果から見ると、大事なものを探していて、そこからようやく宝が見つかったようなイメージなのですが、実は確固とした目的を持って宝探しをしているケースはそう多くありません。

自分なりのトゲトゲを頭の中につくっておいて、あとは情報を流すに任せておけばいいのです。

引っかかったけど、結局だめだったというものが、いくらあってもかまいません。トゲトゲをつくって情報を流し続けていれば、だんだんと要領がつかめてくるはずです。

あせらず、自然に引っかかるものを待つ

網を張って情報を流すという発想をするならば、必ずしも最初から問題意識が明確で具体的である必要はありません。むしろ、あまり決めすぎてしまうと網が狭くなってしまうので、引っかかるはずだったおもしろい話が引っかからなかったり、行き止まりになったりしがちです。

例えば、フランス料理のシェフが、新しい料理について何かアイデアを考えているとしましょう。そのときに、具体的にどんな料理をつくりたいのか、どういう素材を使いたいのかを細かく考えなくてもいいということです。

ぼんやりと「みんなが喜ぶ料理を開発したい」「これまでにない新しい料理をつくりたい」というくらいのほうが、幅広い情報が頭に引っかかりやすくなるのです。

最近の西洋料理の世界では、理科の実験のように料理するのが流行です。おそらく、最初から理科の実験のように料理をしたいと決めていたのではないと思います。

何か斬新な料理はないかと考えていたら、たまたま理科の実験を見て、「こんなふうに料理をしてみるとおもしろいかも」と思いついたのかもしれません。本当にそうだったかどうかは別にして、そうした点に新しさが生まれやすいのです。

最初から「新しい素材を使えないか」といった具体的すぎる網を張っていると、かえって小さなアイデアしか出てこないのではと思います。

大切なのは、探そう探そうとあせってはいけないということです。問題意識とまでいかなくてもいいので、何か関心事を持ちつつ、あとはたくさんの情報を頭の中に流していくうちに、引っかかるものが出てくるのです。

自分の専門以外にも網を張っておく

ビジネスパーソンに共通する課題だと思いますが、毎日仕事に追われていると、接する情報はどうしても自分の仕事のまわりの情報に偏りがちです。情報があまりにも多すぎるので、最初から自分に関係のある情報に絞って入手しようとするためです。

しかし、それではまったくジャンルの違う新しいものが引っかかってくる可能性も低くなります。

あえて違うジャンルの情報を流してみることで、新鮮な発見につながるという話はよくあります。例えば、歴史をひもといてみると、ビジネスや生活につながるヒントがよく出てきます。歴史上の武将が決めた判断がそのまま役に立つわけではないけれど、あ、これは自分の部署で部下の扱いに悩んでいる話とよく似ているかも、と思うことはしばしばあるでしょう。そうすると、部下の扱いに思わぬヒントが得られるかもしれません。

あるいは子育てで悩んでいるときに、サッカーのコーチと選手のエピソードに接して、子育てと似ている面があるかもしれない、この工夫は使えるかもしれないと思うことはないでしょうか。スポーツや芸能界のエピソードが、日常の悩みに役立ったり、場合によると経済現象の理解に大いに役立つということもあるのです。

これは、別の分野のものごとにヒントがあり、それが網にくっついて、頭の中でだんだんと網が太くなっていったり、違う網になっていくというイメージです。

私は、自分の頭の中に新しいものが引っかかるように、意図的に経済関係以外の人と会うようにしています。

知人にはアスリートもいればレストランのシェフもいます。すると、そういう人たちからは、研究室や学会では絶対に見聞きできないような興味深い発想や意見に出合うことができます。

もちろん、そうした発想や意見は、私の研究にダイレクトには使えないことがほとんどです。私に限らず、一般的にほとんどの情報は、自分の仕事にダイレクトに役に立つものがポンと入ってくるようなことはありません。その基準でいえば、世の中のほとんどの情報は使えない情報になってしまいます。しかし、そこで少しだけ発想を変えたり、少しだけ工夫したりと、その情報を「加工」することで、仕事や人生においての自分の問題意識につなげることは可能です。頭の中でひと手間かけるという発想で見ると、使える情報は結構多いと思います。

ぼんやりとした好奇心を はっきりとした問題意識に変える

問題意識は、ぼんやりとした関心や好奇心からはじまります。もちろん、最初からはっきりとした問題意識を持っている人もいますが、それは少数派でしょう。ですから、まずは自分の中で好奇心を育てていく必要があります。

実は、学生が論文を書くときもそうで、「私はこのテーマがおもしろいと思っているので、ぜひこれで論文を書きたい」という人は本当にごく少数です。ほとんどの学生は、最初のうちは、何がおもしろいかもよくわからないという状態なのが正直なところです。

当初はそんな状態でも、少しずつ情報を集めて研究を進めるうちに、その中で何がおもしろそうか、何が問題と感じるのかを、だんだんと掘り下げていくようになります。

つまり、好奇心があるからはじめるというよりも、やっているうちに好奇心が湧いてくるのです。

いわば、好奇心を育てていくことと、網を大きくしていくことは同時並行の作業です。

それはまさに、頭の中に張った網を少しずつ太くするという話に通じます。

ですから、最初は何も具体的な関心がない場合でも、少しはほかより関心は持てるかなというものを、仮の目標としてまずつくっておけばよいのです。

読書の場合でも同じことで、最初からこれがおもしろいと思って本を読んでいくのは理想ですが、そうでなくてもまったくかまいません。いろいろな種類の情報に当たっていくうちに、自分はどこが相対的に関心を持てそうか、こんな話を読んでいるとウキウキしてくるといったことを基準に絞っていくと、何となく興味が広がって深まっていきます。

最初はぼんやりとした好奇心だったものも、流れてきた情報が網の上で海苔のように成長していくと、だんだんとはっきりした問題意識に結びついていくのです。

ネガティブな感情も問題意識に転換できる

問題意識を育てる別の方法として、恨《うら》み、妬《ねた》み、絶望感といったネガティブな感情を問題意識に変える方法があります。たいていの人には現状に何かしらの不満があるでしょうから、それを単なる愚痴や憂さ晴らしで発散するのではなく、冷静になって、何を変えたらよいのか、そして何が問題なのかという方向に頭を切り替えるやり方です。

最終的に問題が解決するかどうかは別にして、そうしたネガティブな感情を問題意識に変換できたら、それは大事なステップを踏んだことになるといえます。

好奇心を持てといわれると難しくても、これならばできるという人はいるのではないでしょうか。文学や映画にもよく見られるパターンです。芥川龍之介や太宰治のように、幼少期のトラウマから文学的な問題意識が生まれてくることもよくあります。

意外に、問題意識というのは、恵まれていない部分から生み出されることが少なくないのです。

例えば、自分の育った環境が母子家庭で苦労したということから、問題意識が生まれてくる人がいます。貧困生活がずっと自分の中でコンプレックスになっていて、これを解決したいと無意識に思っている人もいます。

映画を観ていても、それぞれの監督ごとに一貫したテーマがあることが多いように思われます。何作も映画を撮っていても、その根底には家族関係や地域格差の問題など、共通するテーマが感じられる場合が少なくありません。

文学にせよ映画にせよ、それぞれの世界で表現することは違っても、人それぞれが抱えている人生の問いに答えを出したいという問題意識があるのでしょう。

ネガティブな感情を何の目的もなく表に出すのではなく、自分の状況においいて何が問題なのかを把握して、それを問題意識という形にできれば、それは大きな進歩です。

感情を感情のままにしない、整理するクセをつける

感情を問題意識にまで高めるには、感情を客観的、論理的に整理することが必要です。それには、感情を感情のままにしておかず、冷静に分析するクセをつけることが大切でしょう。

例えば職場でパワハラがきついという場合、それが嫌だという感情でみんなに愚痴を言いまくるのは、単に感情を表に出しているに過ぎず、問題意識にはなっていません。

そうではなくて、この上司のパワハラはどこが問題なのかというふうに客観的に分析していくことで、感情と切り離して、それを解決するためにどうした

らいいかと頭を使って考えられるようになります。そうすると、自然と頭の中に網ができてきて、さまざまなパワハラに関する情報が頭の中の網に引っかかってくるのです。

さらにいえば、単に個人の問題にとどめることなく、これを一つ解決すると人間社会がそれだけ良くなるという方向に持っていくことが大事なのではないでしょうか。

それが明確な解決につながる必要は必ずしもありません。一つの感情をきっかけにして問題意識という形で問題に関心を持てて、そこから発想が進んでいくようになれば、そのことだけで十分に意味があります。少なくとも感情を制御するうえで、大切な意味があると思うのです。

あまり良い例ではないかもしれませんが、女性の自立活動という話は、そのように進んできたわけです。もともとは非常にプライベートな問題であって、自分が働けなくてつらい思いをしたとか、家庭内で夫に虐げられていたという話がほとんどだったのでしょう。

それを、個人的な感情にとどめるのではなく、頭を切り替えて、世の中の女性の自立や男女同権という方向に変化させていったことで、多くの人が救われたという面があります。

ただし、その活動が実を結ぶまでには何十年もかかりましたから、その当人をめぐる環境はあまり変わらなかったことでしょう。それでも、ネガティブな感情を普遍化した運動に変えることで、感情の切り替えができ、それなりの満足感を得るという効果はあったと思います。

パワハラにしても差別にしても、往々にして、そういう感情的なつらさは、残念ながらそのこと自体は直接的に解決できないことが多いものです。しかし、それを一般的な問題意識に切り替え、エネルギーをそちらの方向に向けることで、満足感や充実感を得る。そしてそれが将来の社会の改善につながっていくということは多いと思うのです。

オリジナリティーは完全にゼロからは生まれない

私たちは、オリジナリティーと聞くと、ゼロから考え出すものだと思いがちですが、そうではありません。まずは、従来からあるものを組み合わせたり、さまざまなものを取り入れる段階があります。自分のオリジナリティーを出すのは、そこからどのように変えていくかにかかっているのです。

私が論文を書くときも、そういう発想をしています。一からモデルを組み立てていくことは少なくて、ある問題意識で論文を書きたいと思ったら、経済学におけるさまざまな分野の論文を読みあさるのです。書こうとしているテーマとは違う分野の論文もありますが、それでいいのです。

そうすると、「この論文に書かれたモデルは自分が考えている問題意識に使えるかもしれない」、あるいは「このデータ分析の方法は使えるかもしれない」

というように結びつくわけです。

すると、そのままでは使えなくても、自分の問題意識に合わせる形でその論文の骨組みやデータを持ってくることは可能です。

論文の形がある程度まとまってくると、今度は追加で分析するために、何か良いアイデアはないかと、またいろいろな論文を読みあさります。そうすると、「この話は少しくっつけるとおもしろいかもしれない」ということが出てきて、論文の幅が広がっていく、というように進んでいきます。

まさに、頭の中に網を張って情報を次々に流していくことで良い情報が引っかかり、やがてそれがだんだんと太くなっていく様子そのままです。

論文をあさっているときは、自分の論文にぴったりと合うモデルを求めていることもありますが、たいていの場合、とりあえず良いモデルが見つかるといいなという程度の気持ちでいることがほとんどです。実は、そのほうが効率的なのです。

もちろん、これは他人の表現を真似るという意味ではありません。そもそも、言葉というのは私たちが自由に発明するたぐいのものではなく、誰もが共通して認識できるものでなくてはなりません。印象的な表現や斬新なコピーもすべて、すでにあるものをどう組み合わせるかにつきるのです。

そう考えると、完全にオリジナルな言葉や表現というものはないとわかります。

そのあたりは、どうも世の中で誤解されているように思われます。

例えば、アインシュタインにしても、ピカソにしても、独創的で天才だという扱われ方をしていますが、けっしてものごとをゼロからつくりあげたわけではありません。頭のトレーニングをきちんとこなすことができれば、誰でも思いがけないものをつくり出すことが可能なのです。

とくに、これだけ情報が流れている現代では、新しいものをつくり出すベースになる情報は、世の中に満ちあふれています。新しい組み合わせを見つけ出せるチャンスは広がっているのです。

コラム❷

短距離型と長距離型の勉強法

勉強には短期間で結果を出さなくてはいけない短距離走のような勉強と、長い期間をかけてじっくり自分のものにする長距離走のような勉強があります。これは、どちらが価値があるということではなく、目的によって異なってきます。

目的が3ヵ月後の試験で単位を取るとか、1年後の資格試験に受かることだとすれば、短距離型の勉強をしなくてはなりません。多少わからないことも含めて丸暗記する必要がありますし、とにかく大量の情報を詰め込むことが大事になってきます。

でも、そうした短い時間的な制約がないとすると、もう少し時間がかかってもいいから深い理解をしたり、簡単には忘れないような形で身につけることのほうが重要になってきます。そうした長距離走のような勉強法は、短距離型とはかなり違うのではないかなと思うのです。おそらく、日本人の多くが今まで勉強だと思っていたことは、勉強の一部である短距離走的なものに過ぎないのではないでしょうか。

現在はネットの発達によって情報がいつでも簡単に手に入るようになりました。その結果、勉強全体での暗記や記憶の重要性はどんどん小さくなっています。それとは逆に、時代とともに勉強における「考える」プロセスの占める割合が、相対的に大きくなっています。

本来、「勉強」の中で最も重要な要素は「考える」ことです。残念ながら短距離型の勉強では「考える」力をつけることができません。できれば大学生になったら、少しずつでも短距離型の勉強から長距離型の勉強へと頭を切り替えていくことが大切です。一度ついた頭のクセは一朝一夕に変えられるものではありません。社会に出てからさまざまな問題にぶつかったときに困らないためにも、学生のうちから勉強のやり方を変える意識を持つことが重要なのです。

また、すでに社会人の方も自分が長距離型の勉強をしているか、あらためてふりかえり、頭をしっかり切り替えていくことが大切です。

3章

知的に考えるための「調理道具」を揃える

いきなり考えてもうまくいかない理由

前の章で、頭に問題意識の網を張り、そこに引っかかる「良い情報」をたくさん集める話をしましたが、残念ながら、情報を単純に集めるだけでは、すぐに良い考えが生まれるわけではありません。

良い考えを引き出すには、そのための土台を頭の中につくっておくことが大切になります。せっかく頭の中に残っている情報を無駄にしないためにも、そしてより自分にとって、使える情報を頭の中に残すためにも、この土台づくりが大切です。さもないと、一生懸命時間をかけても空回りしてしまいます。

よく誤解されているのですが、「情報収集↓それをもとに考える」というだけではうまく考えられないのです。実は、情報を見て、そこから初めて考えるのではなく、情報を頭に入れる前に、少し手間暇をかけて、「考えるための土台」をつくっておくことが大切だからです。

これは、「調理をする」というたとえでいうと、調理道具を揃えておくことを意味します。どれだけおいしそうな肉のかたまりがたくさん届いたとしても、それを切る包丁も焼くコンロもなければ、おいしい料理をつくることはできないでしょう。当たり前のことですが、適切な調理道具を揃えておくことは、料理をするうえでの最低条件です。

ところが、「考える」という作業については、この最低限の条件がほとんど考慮されていないのは不思議なことです。あたかも素材をたくさん集めさえすれば料理ができるかのように誤解をして、情報を集めている人が多いのです。しかし、調理道具、つまり「考えるための土台」が揃っていないために、ほとんど調理ができず、きちんと考えることができないのは、もったいないことです。

残念ながら、この「考えるための土台」づくりについては、学校等でも、意識して教えられることがほとんどない気がします。もし、いくら考えることに時間を費やしても、上滑りしてしまうと悩んでいる人がいたら、それは、頭の中に土台がないことが原因の可能性が高いのです。言い換えれば、土台さえしっかりしていれば、成果がどんどんあがるはずです。

それでは、どんな調理道具を揃えればよいのでしょうか。頭の中に「考えるための土台」をつくるというのは、具体的に何をすればよいのでしょうか。

まず必要なことは、発想を変えることです。1章で説明したように、情報はそのままでは役に立たない、調理しなければ使えないんだという発想を持つこと。簡単ではありますが、これが一番大事な道具です。どんな情報もどんな知識も、そのまま丸呑みするのではなく、それを頭の中で加工して初めて、力になってくれる。そういう発想で情報に接することが大切です。

発想を変えるというのは、心のクセを変えるということでもあります。つまり、考えるための土台をつくるというのは、発想のクセを変えていくことです。簡単なことではありますが、実際に実行しようとするとなかなかできなかったりします。しかし、けっして難しいことではないので、続けていけば、きっとできるようになります。

ものごとを抽象化して構造をとらえるクセをつける

次に必要な「考えるための土台」は、具体的なものを抽象化してとらえるクセをつけることです。

情報を抽象化して理解するというのは、考えるプロセスの中においてとても大切です。なぜなら多くの場合、求められるのは、かなり個別的で今までに見たこともない問題の解決策なので、どこかで得た情報をそのまま使えるわけではないからです。

たくさんの情報を得ていても、それをそのまま解決策にできないとすれば、その情報や知識を応用する形で、解決策を考えていく必要があります。この応用をするためには、得られた情報を抽象化して理解しておくクセをつけるのが有効なのです。

例えば、小学校の算数を考えてみましょう。最初は、みかんの数を数えさせたり、りんごの数を数えさせたりします。次に、みかんとりんごを果物という抽象化された分類に変えて果物は何個あるでしょう?という質問になります。さらには、みかん3個にりんご5個を足して、全部で8個という具体的な計算から、3+5=8という抽象的な形での理解に進んでいきます。ここまでくれば、足し算の計算は、みかんやりんご、あるいは果物に限ったことではなく、ほかの足し算の応用問題も解けるようになります。それは、果物の数を数えるという行為を、足し算という抽象的な形で理解できているからです。応用力をつける鍵は、抽象化なのです。

このように、個別具体的なものを、抽象化して頭の中に入れておけるように

具体的なものを抽象化するクセをつけよう

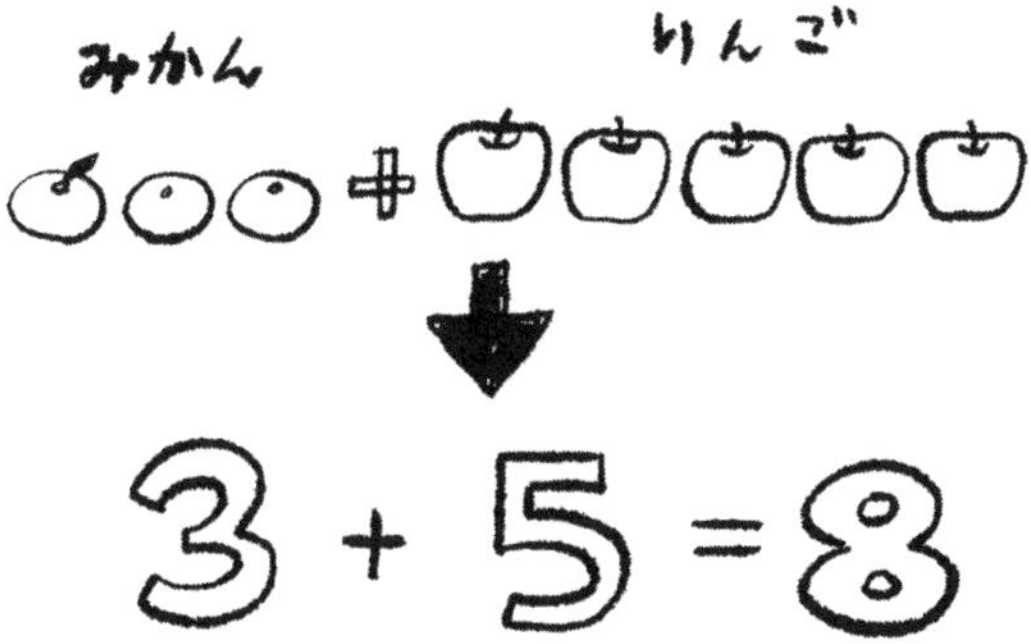

情報はそのままでなく、抽象化の工夫が大事。

なると世界は大きく広がります。例えば、戦国時代の本を読んだとして、織田信長の行動や、豊臣秀吉の決断といったエピソードの一つひとつを知ることは、それはそれで楽しいですし、有意義なことです。でも、そこにとどまってしまうと、世界はそこから広がっていきません。

その個別のエピソードを、政治とはどういうものか、組織のトップとはどうあるべきかという抽象的な理解に置き換えると、歴史が単なる過去のエピソードにとどまらなくなります。自分の直面している課題や会社の問題を解決するヒントを与えてくれるものとして、役立つ可能性が大きくなります。実際、歴史の本について、そのような読み方をしている人は少なくないと思います。

抽象化して役立つ情報は、本から得られるものとは限りません。長年一つの会社に勤めていると、その会社に関する知識や情報がたまってきます。それが、会社の中で働くうえで、大きな武器になっている人も少なくないことでしょう。

しかし、そういう情報は、その会社でしか役立たない場合が少なくありません。こんな問題が生じたときには、あの人に相談するといいとか、この課題については、あの上司に根回ししておく必要があるといった情報です。

このような個別性の高い情報は、会社を移ってしまうと残念ながら役立たなくなってしまいます。人生１００年といわれる時代、どれだけ定年が長い会社でも、セカンドキャリアが待っています。それ以前に転職をする人も増えていくことでしょう。そう考えると、この個別性の高い情報を、少しでも抽象化、一般化させておくと、ほかの会社に移っても大きな武器になると考えられます。

できなくてもかまわない、クセをつけることが大事

そうはいっても、抽象化して理解するのは、容易なことではありません。もしかすると、ここまで読んで、どうしたら抽象化できるのだろう、と途方にくれている読者の方もいるかもしれません。

誤解しないでいただきたいのは、抽象化して理解できるようになることが、考える土台ではないということです。調理器具として揃えておく必要があるのは、あくまでも、抽象化して理解しようとするクセだけです。日頃から、「ああ、抽象化っていうのは、大事なんだなあ」「単に情報をそのまま受け取るのではだめで、抽象化の工夫が必要なんだなあ」と思うことがポイントなのです。

もちろん、抽象化がよりスムーズにできるに越したことはありません。しかし、それは高度な調理器具を用意するようなものです。初心者が料理にはまる

と、形から入りがちで、まず高い調理器具から揃えたがるといわれるようですが、調理器具は、自分の料理の腕に合わせて、レベルを上げていけばいいのです。いきなり高度な調理器具を揃えても、かえって役に立ちませんし、現実的に難しいことも多いのです。

それと同じで、目指すべきゴールは、高度な抽象的理解かもしれませんが、まずスタートは、抽象化を意識するクセをつけるので十分です。そして、それを徐々にレベルアップさせていけばよいのです。

では、どうやって抽象化するクセを身につけたらいいでしょうか。また、発想の仕方、工夫の仕方は、どうしたらレベルアップしていけるでしょうか。以下では、どのようなスタンスで情報に接すれば、抽象化のクセがつきやすいのかについて、次の三つのステップを踏んで説明していくことにしましょう。それは、(1)幹をつかむ、(2)共通点を探す、(3)相違点を探す、の三つです。

〈考える土台をつくる頭の使い方①〉

幹をつかむ

情報を抽象化する、第一の方法は、その情報の大事なところ、本質的なところは何かを探してみることです。情報の枝葉を外して幹の部分をつかまえるといってもいいかもしれません。

それには、「一言で簡単に表現してみる」ことが有効です。

あるいは「人に簡単に伝えるとしたら、何といえばいいだろう」と工夫してみるとよいでしょう。情報の本質を理解するには、一言でその情報を表現してみることがとても役に立つと思います。

例えば、政治のニュースを見て、大事だなと思ったとしましょう。あるいは誰かのブログを見ておもしろいなと思ったとしましょう。そうしたら、それがどんな点で大事だと思ったのか、どんなところがおもしろいと思ったのかを、友人や知人に一言で伝えるようにするのです。

もちろん、本当に伝えなくてもかまいません。伝えるつもりになって考えてみる、あるいは書き出してみる。それが、情報の幹をつかむことであり、抽象化の大きな一歩になります。

このように書くと、「どこが重要か、自分にはよくわからないのです」「間違ったところを、大事だととらえてしまわないか心配です」という声がよく返ってきます。しかし、これは最初にも書いたように、正解を見つけないといけないという考え方に縛られている発想です。

自分が大事だと感じることに、正しいも間違っているもないのです。正解などありません。その人自身が、大事だ、興味深いと思うことをピックアップすればよいのです。それによって、その人ならではの思考法が育ってくるのですから。言い換えると、そこはむしろ、独自性があったほうがいいのです。

また、重要だと感じるポイントも、さまざまな側面が考えられます。例えば、ある会社の不祥事がニュースで報道されたとしましょう。その際に、不祥事が生じた原因が重要だと感じる人もいれば、不祥事が明らかになったプロセスが大事だと感じる人もいるかもしれません。あるいは、不祥事の結果生じるリストラや業績悪化の可能性を気にする人がいてもおかしくありません。

このように、一つのニュースや情報に接したときに、どの側面に着目するかは、人によってそれぞれですし、これにも、どの側面が正解というものはありません。ただし、多様な側面に注目するクセをつけることは、より良い考え方を身につけていくうえで重要なことでしょう。人とは違う考え方をして、新しい方向性を打ち出すには、やはり人とは違う着眼点を持つことは大事なことだからです。

〈考える土台をつくる頭の使い方②〉

共通点を探す

情報を抽象化していく、次の大切なステップは、一見異なるように見えるものから、共通点を探し出すクセをつけることです。ベストは、幹の部分について、どこか共通な点がないか探し出せるようになることでしょう。

しかし、最初はなかなか難しいので、共通点は何でもかまいません。例えば、今食べている料理と今使っているカバン、どちらも赤色が使われている、というように何でもいいから共通点を探すクセをつける。そうすることによって、やがて重要なことについても、共通点を取り出せるようになってきます。これが情報を抽象化してまとめておく大切な一歩になります。

これがある程度できてくると、みかんとりんごは違ったものに見えるけれど、果物という点では共通していると整理できるように、そもそもまったく違うように見える情報でも、この点では共通点があると整理できるようになります。これは、情報を抽象化する大きな一歩です。

そして、共通点でつなげられるようになると、異なったジャンルの情報から解決策を得たり、違う分野の情報をたとえ話に使って説明できるようになったりします。実際本書でも、考えるというプロセスを調理にたとえて説明していますが、これは両者に共通点を見つけているからです。

この能力は頭の良し悪しと関係がありません。この頭の使い方がうまい人で、よく見かけるのが、すべての問題を自分の身近な話に置き換えてしゃべる人です。世の中のニュースを見て、すべて自分の近所の話に置き換えてしゃべるような人が、どなたの身近にも一人くらいはいることでしょう。逆にこうしたことを常日頃から意識してみるのも、良いトレーニングになります。

逆にそのようなたとえを考えること自体が、共通点を探すトレーニングになるという面もあります。料理の話をビジネスにたとえたり、人間関係の話にたとえてみることで、違うように見えるものに、思わぬ共通点が見つけ出せる場合もあります。

普段から、まったく別に見えるような二つの話題をもとにして、さまざまな共通点を探す練習をしていくと、例えば、芸能の話題から金融のアイデアが出てきたり、逆に金融の話から料理のアイデアが出てきたり、意外な意見や斬新なアイデアを思いつけるようになってくるでしょう。

共通点は、ざっくりとした、場合によっては多少こじつけになってもかまいませ。ん。厳密にいうと違うということがあるかもしれませんが、そこは正確さを求めずにトレーニングをすることのほうが大切です。こじつけでもいいから違う話題について共通点を見出せることのほうが、能力として、頭のクセとしては重要ではないかと思います。

共通点を探すトレーニングは遊びながらでもできます。例えばクイズ形式のゲームにしてみることが考えられます。何人か人を集めたら、順番に一人ずつ、まったく関係のなさそうな二つのものを取り上げて、どこに共通点があるのかをみんなに問うのです。例えば、「セーヌ川とカレーライスの共通点はどこにあるでしょうか？」と問われたら、どう答えますか？　こうしたクイズは二人でもできますが、できれば四～五人くらいでやるともっと盛り上がります。

誰も共通点を見つけられなければ、お題を出した人の勝ち。もちろん、お題を出す人は答えを持っていなくてもかまいません。答えが出にくいよう、できるだけ関係なさそうなものを選ぶのがコツです。

もちろん、表面的な言葉の共通点やダジャレで答えを出すというのではなく、本質的なところでどのような共通点があるのかを、みんなで競って考えるのが理想です。なかなかそうはいかないかもしれませんが、子どものときからこうしたトレーニングを行えば、大学生になる頃にはずいぶん違ってくるでしょう。

クイズ以外にも、まったく別のものから共通点を探るというトレーニングは、例えば歴史の勉強を通してもできます。

日本の学校の歴史の勉強は、何年にどこで何があったということを暗記することに終始してしまっていますが、歴史の意義はそこではないと思うのです。例えば、豊臣秀吉の失敗と足利尊氏の失敗を比べてみて、その共通点を考えることで、個別の事例を抽象化することができます。そうすることで、現代に通じるアイデアのヒントを過去から学べるわけです。

〈考える土台をつくる頭の使い方③〉

相違点を探す

ここまでは違う話題に共通点を見つけ出すことを考えてきましたが、情報を抽象化して理解するステップとしては、逆の頭の使い方もあります。それは、似たものに違う点を見つけ出すことです。つまり、似ているように見えるけれども本質は違っているのではないか、同じ現象のはずなのに、このあたりで違うのはなぜだろうと、思考をめぐらすことで、抽象化のクセをつけていくやり方です。

例えば、同じような不祥事のニュースが相次いだとしましょう。通常だと、「ああ、また同じような不祥事か」と流してしまいがちです。しかし、そこであえて、少しこだわってみる。どこか違う点がないだろうか、違う点はどのあたりにあるだろうかと、もう少し詳細にニュースを検討してみるのです。違う会社

抽象化のクセがつく3つの問いかけ

日頃から意識して
問いかけをすることで、
自然に抽象化できるようになる。

で起きた出来事ならば、詳細に見ていくと違う点がいろいろ出てくるでしょう。

そうしたら次に、そのような違う点があるのに、なぜ同じような不祥事が起きたのかを想像してみます。そのように思考を広げていくことによって、抽象化して考えるクセがついていきます。

大切なのは、同じような情報に接したときに、「ああ似ているな」と思うだけで流さないことです。あえて違いを見つけ出すことがポイントです。

このように抽象化していくにあたっては、比べるという作業がとても有効になります。ただし、あとでも詳しく述べるように、現代はさまざまな情報が洪水のように流れてくる時代です。すべての情報について、このように丁寧に対応していたのでは時間がいくらあっても足りないことも事実でしょう。

ここで説明したのは、あくまでも抽象化するクセを身につけるにあたっての、発想の仕方、工夫の仕方に過ぎません。これをきちんと実行できるようにする必要はありません。準備段階としては、そのような方向性を意識するだけで十分です。

そのあとで少しずつ、自分が大事な情報だと思うものに、時間をかけて抽象化のクセをつけていけばよいのです。

情報処理の基本は分類、ファイルの整理と同じように考えてみよう

今述べたような、共通点や相違点を探すことは、ある意味で情報処理の基本

です。というのも、情報処理というのは、さまざまな情報を分類していくことが基本だからです。

例えば、最近だとたくさんの写真がスマホ上にたまってきます。このたくさんの写真をどう分類して保存しておくかが、ここでいう情報処理です。

一番簡単なのは、撮影日順に並べておくことですが、これだとお目当ての写真がなかなか見つからなかったりします。そこで、一緒に写っている人ごとにフォルダーをつくったりします。これは共通点を探して、まとめるという作業に相当します。

あるいは「2017年の9月」という意味では同じカテゴリーに入る写真を、写っている場所が違う、人が違うという形でフォルダーを分ける作業は、相違点を探しているわけです。

こう考えると多くの人が、無意識のうちにやっている情報処理だということに気がつくでしょう。

そのとき、まったく違う分野の情報の共通点を探そうとすると、それぞれの情報の本質の部分を把握していかないことには、本当の意味での共通点は見つかりません。

理想をいえば、異なる二つの情報があったときに、両者の本質的な構造を理解して、そのレベルでの共通点や相違点を理解して分解するということが必要になるのですが、それはいきなりできるものではありません。まずは、そういう構造といった面倒なことを考えずに、どういう点が共通しているか、どういう点が違うかというのを考えるクセをつけていくのがいいでしょう。

考える土台を鍛えれば、より高度な思考が可能になる

この章の最初でも説明したように、土台をきちんと用意しておくことが、よりうまく考えるための基本です。もちろん、それは最初から完璧なものである

必要はありません。ここで考えたような発想で、情報にあたっていく、ここで書いてあることが大事なポイントだなと意識できていれば十分で、そうすれば情報をどんどん処理することができるようになります。

そして、それがやがて思考のクセになっていきます。

クセが大事なのは、無意識のうちにできるようになるからです。みなさんも、多かれ少なかれ、いろいろなクセをお持ちだと思いますが、クセの特徴は、それを無意識のうちにやってしまうことです。

頭の使い方、思考の仕方にしてもそうで、ここで書いてきたようなことを毎回毎回、意識してやろうとすると最初は、なかなか大変です。でも、それはクセがつくまでの話で、クセがついてしまえば、かなりの程度、無意識のうちにできるようになっていきます。

そうなると楽に情報が処理できるようになり、楽に思考が広がっていくことになります。

それが、さらにたくさんの情報を処理するという経験を積むことで、ますます土台ができていく形になるのです。そうすれば、あとの章で述べるような、より高度な思考も可能になっていきますし、そこから思いがけない解決策を導き出すことも可能になっていきます。

無意識に行えるようにクセづけするのが、頭の情報処理の基本

複数の情報があっても、それを単純にコピペして貼り合わせただけでは、考えたことにはなりません。コメントなしで情報をリツイートしたのと同じく、単に右から左へ流したに過ぎないからです。

しかし、複数の情報から、どちらとも違う新しいものを生み出したり、オリジナルのメッセージをつくり出したりするには、考えるプロセスは欠かせません。入ってきた情報を、その人なりの考えで調理することで、違う形のアウトプットが可能になるからです。

そう考えると、情報や知識は単一ではなく、組み合わせることが大事だということがわかります。そのときに必要になってくるのが、違うものに共通点を見つけ出す能力や、似たものに違う点を見つけ出す能力なのです。

そう理解ができるようになると、これまでは二つの情報がまったく同じだと理解して情報をアウトプットしていたものが、そこにその人のオリジナルの付加価値がつくわけです。

とはいえ、繰り返しになりますが、インプットされた情報すべてを対象にして、つねに組み合わせを考えなくてはならないという意味ではありません。まずは、違った分野の情報を共通の土俵で理解したり、あるいは組み合わせたりするという頭の使い方のクセをつけることです。

そのクセをつけることができれば、あとは情報をいちいち組み合わせてみる必要はなく、無意識のうちに「頭の土台」が自動的に情報を処理してくれるようになるからです。

コラム❸

ものごとの裏側から見ると本質がわかる

ネットとのつき合い方に関しては、デジタルネイティブの人たちと、その前の年代の人たちとでは圧倒的な差があるように見えます。いくらネットのことを一生懸命勉強して追いつこうと思っても全然追いつかない感じがします。でも、私はむしろ、これからの時代、ネットだけでは限界があると思っています。

例えば、今ネットショッピングにいろいろなパターンが出てきています。ネットを通じていかにうまくやるかというところに、大きなビジネスチャンスが転がっているように思われているのですが、このビジネスモデルの一番のネックはどこかというと物流です。結局、デジタル財でない限り、どんなにおもしろいネットのショッピングサイトの仕組みをつくったとしても、最終的に物流を通して相手に送らなくてはいけないところは変わらないのです。

ですから、肝《きも》はあくまで物流システムにあって、物流システムをうまく構築できるかどうかが、ある意味ネットショッピングの成否を決めるわけなのです。ここは完全にリアルの世界です。だから、物流システムをうまく組めたところが、ネット社会の勝者になれるのです。

つまり、ネット全盛の時代ではあっても、実は大きな鍵は依然としてリアルなところにある。そういう視点で考えると、ネットの世界に詳しいということは、ある程度のメリットにはなりますが、ビジネスの成功に確実につながるというわけでもないのです。

ものごとには表があれば必ず裏があります。合理的により良い判断をするためにも、一面だけの情報を鵜呑みにせず、つねにものごとの本質をつかむ頭の使い方が必要なのです。

4章

情報は流れてくるまま、流しっぱなしに

入ってくる情報は絞らず、意図的に間口を広げておく

頭に網を張り、考えるための土台ができたら、あとは情報を頭の中にどんどん流していきましょう。

世の中には、マスメディアのニュースは信用できないという人もいれば、ネットのニュースは見ようとも思わないという人もいます。こうした情報の種類によって何か対応を変える必要はあるのでしょうか？　私はその必要はないと思います。情報自体に良し悪しはないと考えているので、頭の中に流す段階では取捨選択はしていません。それは意図的にそうしているのです。

実は、ここが情報処理の一つの鍵ではないかと思っています。というのも、多様な情報があふれている時代ですから、それだけ有用な情報も数多くあるはずで、それをインプットの前の段階で門前払いするのは、もったいないと思う

からです。

もちろん、時間は限られているので、すべての情報を把握できているわけではないのですが、はじめから意図的に絞るようなことをせずに、むしろ間口は広げておきたいと思っています。大事なのは、良い情報が頭に引っかかる網のほうだからです。

実際、専門家ではなくて一般の人が書いているものの中にも、ヒントになることがらが数多くあります。SNSの情報を最初から毛嫌いしている人もいるようですが、それは受け手の頭の使いようで、ずいぶんリッチな情報にもなり得るのです。

結局のところ、情報に良し悪しはないと思います。重要なのは、自分にとって使える情報か使えない情報かです。さらにいえば、情報の内容を自分に当てはめたときに、何か意味のあるメッセージを伝えてくれる情報かどうかが大事なのです。

その判断は、結局のところ自分の頭に引っかかってくるかどうかなのですが、情報の構造、本質をつかむことによって、よりうまくできるようになっていきます。ですから、3章で述べた、考える頭の土台をつくっておくことが大切になります。情報の幹の部分、本質を把握しようとするクセがついていると、情報の見え方も違ってくるからです。

情報そのものより、どう料理して何に使うかが重要

情報に良し悪しがないということと、情報に信憑性があるかないかは別の問題です。

事実、SNSなどを見ていると、とても信用できそうにない情報がいくらでも出てきます。信憑性という観点から考えてみると、情報には鵜呑みにしてもいい情報と、鵜呑みにしてはいけない情報があると考えるのが一般的でしょう。

しかし、私の感覚でいえば、情報には良し悪しはないけれど、鵜呑みにして

いいものは何一つありません。まずはすべてのものを一応疑うというスタンスが大事です。いくら偉い学者が伝える情報であっても、そのまますべて信用してよい情報などないと考えています。それでも、その情報が使えるかどうかは、また別なのです。

もっといえば、重要なことは、内容の信憑性ではありません。むしろ内容を疑って吟味することによって、その情報の使いようが出てくるのです。視野が広い人と狭い人との差は、このような情報の使い方で分かれるような気がします。それは、その情報そのものよりも、その情報をどうとらえてどう考えるか、その情報をどう料理して何に使うかのほうが重要な局面が多いからです。

その良い例が、選挙前になると出てくることの多い、候補者に関するスキャンダルのような情報でしょう。週刊誌などにさまざまなことが書き立てられますが、それが本当かどうかということより、なぜそんな情報が選挙前に出てくるのかということに注目して考えてみると、それはそれでいろいろなことを考えさせる、あるいは想像させるとてもリッチな情報であるわけです。情報の内容そのものではなくて、裏側の構造を考えるきっかけやヒントを与えてくれるという点で意味があるのです。

もちろん、その情報が出てきている裏側を完璧に把握したり、予想したりすることはできないでしょう。でも、そうした情報に接して、あれは情報戦をやっているのではないか、あれも一つの選挙戦なのではないかと予想することができれば、そこでもう一段踏み込んで、選挙の戦い方等を考えるきっかけにはなるわけです。

そこに例えば、また別の選挙のレポート等が情報として入ってくれば、そこから、本当は何が起きているのだろうと疑問が広がっていくかもしれません。そうやって疑問や関心が広がることが大切です。そして、どれが真実の情報かと、「正解」の情報を探すことではなく、それぞれの情報をどんどん調理して、自分の疑問や自分の関心に変えていくことが重要です。

芸能ニュースにも、考える材料はたくさんあります。一つの情報をさまざまな角度からとらえて多面的に使いこなせている人と、それだけ受け取って鵜呑みにしてしまって、それ以外に広がらない人がいるのです。そのあたりで大きな差が出てくると思います。

遠い情報に注目する

情報洪水時代だからこそ、目の前の情報を追っていくだけでも、十分な量の情報が入ってきて、それなりに学んだ気になってしまいます。

でも本当は情報が豊富にあるからこそ、日頃見られない情報をわざと取りに行かないといけないのです。そうしないと思考は深まらないですし、人と違う発想は出てきにくいと思うからです。

最近では、その人が関心を持ちそうなニュースや情報だけを優先的に提供してくれるサイトやサービスが増えています。それはそれで重要なサービスですし、時間がないときに必要な情報を把握する面で便利な場合もあります。しかし、自分にとって関心のある情報にだけしか接していないと、自分の得る情報に偏りが出てしまいます。

また、SNS等を通して情報や意見を得ていると、自分の意見や考えに沿った、ある意味では都合の良い、情報や意見ばかりに接することになります。これも便利な面はあるのですが、気をつけるべき面も多いのです。なぜなら、やはり情報に偏りが出る結果、思考が深まっていかないからです。

一番良くないのは、遠い情報だと自分に役立たないと思い込んでしまうことです。

そこで大切なのは、遠い情報を役立たせるための頭の使い方です。3章で述べたような、二つの違うものに共通点を探す思考訓練は、その能力を鍛えるための重要なツールです。その能力が鍛えられていると、違った情報を翻訳して自分のところに持ってきて活用できるのです。

ニュートンはりんごの実が落ちるのを見て万有引力の法則を発見したという

有名なエピソードがあります。その真偽は別として、何か見たときにそれが自分の問題の答えに役立つかどうかというのは、本人がそういう頭になっているかどうかが大事です。問題意識が頭になければ、りんごが落ちるのを見ても、ニュートンは何とも思わなかったでしょう。

企業買収の交渉をやってうまくいかず膠着状態に陥っているときに、たまたま読んだ小説から、問題解決のヒントを得るといった展開はテレビドラマ等でときどき出てきます。ある意味で、ご都合主義的な展開といえますが、まったく非現実的とはいえず、そんな思いがけない発想のつながりは、思いがけない情報に接した場合のほうが出てくるのです。

私自身も、あえてまったく違う分野の情報に接して、頭の中で引っかかるものを探すようにしています。例えば、テレビでお笑いの話を聞いているときに、「あ、このセリフは自分が持っている教育や人材の問題意識に重なる」と思う瞬間があって、二つが結びつくわけです。

別にそんな風に役立つ情報が得られないかと思って、絶えずテレビを観ているわけではありません。そんなことをしていたら、まったく楽しめませんから。そうではなくて、楽しんで観ている、つまり情報を流しっぱなしにしている中に、何か引っかかるものが出てくる場合があるということです。

これはあくまでも一例ですが、全然違うところの情報を流していると、頭の網になっている自分の問題意識と反応して、おもしろい組み合わせができてくるものです。

今という時代は、さまざまな情報を自由に取りに行けるようになっているので、あえて自分とは遠い分野からの情報を参考にして、まったく新しいアイデアをつくりやすい時代になっているともいえます。

大量の幅広い情報が思いがけないヒントに結びつく

幅広い情報を頭に流すためにも、問題意識のタネは、なるべく多く植えたほうが効果があるので、網は何種類か張っておくのも一つの方法でしょう。

私はおそらく学者の中では例外的なほうで、同時並行でさまざまなものを進めていくタイプの人間です。専門の研究論文だけでも同時に4～5本を並行して進めています。

論文を書く以外にも、大学での講義がありますし、本を書く仕事や講演もやっています。そのほかにも、書評や政策提言のエッセーを書いたり、自分の研究とは直接は関係ないような審議会に出たりもしています。

はたから見ると、つながっていないバラバラのことをやっているように見えるかもしれません。しかし、自分の中ではかなりつながっている部分があると思っているのです。というのも、私の中で考えている問題意識という点では共通している面があるので、そこにつながりが出てきて、一つの仕事で考えたことが、別の仕事に役立つというようなことがしばしばあるからです。

少なくとも、さまざまな分野の仕事を同時並行で進めることで、視野が広がっていることは間違いありません。

論文を書いていると、煮詰まってくることが多いので、そんなときは一見まったく関係のなさそうな分野の作業をしていると、そこからアイデアをもらうようなことはよくあります。

たとえてみれば、何種類もの作物を育てている農家のようなものです。ある肥料がAという作物の畑だけにまかれるのではなくて、ほかの作物の畑にもまかれるようなイメージです。

そうすると、Aという畑のために肥料をまいたはずなのに、Cという畑に突然芽が出て伸びたというようなことがあります。いってみれば、何の肥料をまいたら芽が出て花が咲くのかがよくわからない畑を三つ、四つ持っているようなものです。そして、肥料になりそうなものを見つけるたびに、結果はどうなるかわからないまま、次々にまき続けているわけです。

本を読むときでも、あえて自分の問題とは遠いものを読むこともあります。目前のことに役に立つ本ではないほうが、逆にその中に発見というか、思いが

情報は絞らず、頭の中にどんどん流していこう

遠い情報に
ヒントがあるかも！

けないヒントが見つかることがあって、むしろ自分のためになることがあるからです。

本や映画は、純粋にストーリーを楽しんでいるというのが大部分ですが、でも、何かそこで出てきた話やエピソードが、自分が抱えている問題点に結びつくことがあるのです。おそらく無意識のうちに、これはこの話と関係しているな、この話に似ているな、等々頭の中で結びつける作業をしているのだろうと思います。

ですから、映画を観るにしても本を読むにしても、潜在的に自分が抱えている畑に使えるものはないかと意識していま

す。

そうして、特定の作物が十分に育ってきたら、しばらくはそれを集中して育てあげて、果実の収穫まではほかのことを少しセーブするという仕事の進め方をしています。

読書は唯一、能動的に情報を得るアクション

ネットの発達によって、本から情報を得る機会は減っています。それは、私のような学者でも同様です。でも、特定の情報を知りたいときに、やはり本から得る情報は欠かせません。

今の時代ならば、例えばビットコインについて、その仕組みからはじまり、専門家がビットコインに対してどういう判断をしているかといったことを総合的に知りたいと思ったら、まずビットコインについて書かれている本を探しま

す。

もちろん、ネット上できちんと書かれたサイトを読むのもいいのですが、過去にどのような人たちがどう考えたのかとか、過去の学問の蓄積といった話を掘り起こしたければ、やはり本が最適だと思うのです。

本がそれ以外の情報ツールと大きく違っているのは、読書という行為が能動的に情報を得るアクションである点でしょう。

今の時代の情報過多というのは、受動的でいても情報が洪水のようにやってくる状況です。ですから、そんな中で能動的に情報を求める行為には意味があります。

それは、頭の中に張った網を強くしていくという効果です。というのも、自然に流れていく情報を受けとめるだけだと網がなかなか強くならないので、本をしっかり読むことも大事なのだと思うのです。とくに、網がまだしっかりとできていない段階では効果的です。

能動的に行動することで、自分自身で問題意識を強めていったり、明確な問題意識を持てるようになります。つまり、能動的に情報を取りに行くことで、網を強くするわけです。

ある程度しっかりした網ができてくれば、あとは受動的に流れていくのに任せていても、それなりにたくさんの情報が引っかかってくれるはずです。

引っかかった情報はたなざらしにしておいていい

当然ながら、流れてくる情報をいちいち吟味していたら、いくら時間があっても足りません。基本としては、情報は流しっぱなしにして、いちいちくっつける作業はしません。

時間と労力をかけるのは、3章で紹介した頭に「考える土台」をつくるところです。その下処理が自動的に、無意識にできるようになっていると、たくさんの情報が流れてきても、自然に頭に引っかかって、大事なものは熟成して、しっかりとした骨組みになり、やがて面になって残るようになります。

もちろん、土台をつくることも、一朝一夕にできるわけではないので、情報を流しながら、そのような頭の使い方、発想の仕方のクセを少しずつ深めていけばいいのです。

そうして、問題意識を持っているテーマに関係するかもしれないと、トゲトゲのついた網に引っかかったものだけ、流さずに残しておくのです。もちろん、強くピンと来たらそこでその情報を詳細に吟味すればよいのですが、ピンと来なかったら、とりあえず引っかけて網の上にのせておく。そして、たなざらしにしておきます。

几帳面な人だと、入ってきた情報をメモしたり、パソコンに取り込んで、いつでも見直せるようにしているかもしれません。もちろん、それも一つの方策です。

でも、私はあまりそういうことをしません。忘れたら忘れただけだと思っています。忘れてしまうということは、自分にとってあまり重要だと感じていなかった情報だということだからです。

昔と違って、目の前にはたくさんの情報が流れていますので、忘れてしまった情報はまた取ってくればいいだけの話です。そういう状況でも何か頭に引っかかり続けるものはあるのです。情報を自分の頭の中やメモの中に置いておく意味は、昔ほどはありません。忘れてしまう情報は、どんどん捨ててかまわないのです。

記憶することに能力を費やすのではなく、考えることに能力を使うべきなのです。これは、学問やビジネスの世界に限らず、人生の本質につながる頭の使い方といってよいでしょう。

あがかないで機が熟すのを待つ

たなざらしにした情報は、網の上で干からびて落ちてしまう、つまり重要に思えなくなったり、忘れてしまったりするかもしれません。でも、それでもいいと割り切って、どんどん情報に接する、情報を頭の中に流していくのが私のやり方です。それでも、ずっと引っかかり続けるものがあれば、それについて少しはきちんと考えてみるというスタンスです。

ジグソーパズルでぴったりはまるピースが見つかるように、最初からピンと思い当たる情報が来れば別ですが、そうでなければ頭の片隅に置いておいて、あとはもうそんなに考えません。あとになってどこかで使えればいいのですし、使えなくてもいいのです。

また、そのエピソードが強く印象に残っていれば、その後に何度か思い出すでしょうから、そのときは「これは使えるかもしれない」というように自然と思えるようになってきます。

いずれにしても、繰り返しになりますが、時間と労力を使うべきなのは、情報が入ってきた時点ではなく、その手前の段階です。つまり、3章で紹介したような頭の使い方のクセをつけておくことです。違う分野のものを共通の土俵で理解するクセ、同じように見えるものに違いを見つけるクセ、抽象化と具体化ができるようにするクセです。

情報を流す前に、頭にそうした考えるクセをつけておけば、流しっぱなしにしても、自然とうまくいくはずですし、むしろどんどん流しっぱなしにしたほうがいいのです。

大事なものは引っかかってそこにとどまって熟成されていくわけです。

そして大切なのは、あまりあがかないことです。自然に機が熟すのを待つと、網が太く強くなり、解決策が考えられるようになっていきます。

コラム❹
バランスが悪くてもいい、知識は偏りが個性

長距離型の勉強は、思い切り偏った勉強でもいいと思っています。

例えば、字幕なしで映画を楽しめるようになるための英語力は、ある意味偏りが出るわけです。基本的に口語ですし、スラングもあります。多くの人は、映画の英語ばかり勉強しても、まともな英語の知識は身につかないのではないかと思っています。

この「まともな知識」といったときにイメージしているのは、高校入試や大学入試、英検などで必要とされるバランスの良い英語だと思います。まじめな人ほど、英語を学ぶならどこかバランス良く学びたいと思う意識があるようです。

字幕なしで映画を観るのに必要な単語というのは、英検に合格するために必要な単語から比べると偏っている面があるでしょう。でも、私は偏った知識というのはある種の個性、その人の好奇心のあらわれだと思っているので、自分なりの

知識を大切にしてほしいと考えています。

英語に限りません。例えばフランス語でも、フランス料理を勉強しているから知っている知識は、フランス料理のメニューの単語ばっかりでもいいと思うのです。

多くの人は、もうちょっとまじめな勉強をしなくてはいけないのではと思うのかもしれませんが、それが大きな間違いのような気がします。

偏っているほど、もしかすると、5年後、10年後、意外なところでビジネスチャンスにつながるかもしれないのです。

あまり大きな声では言えませんが、私はいわゆる古典的な名著というものは、まったくといっていいぐらい読んでいません。自分の仕事に必要なものだけを見た、そこだけ選んで読んだぐらいの感じです。だから自分自身、相当知識としては偏りがあると思っています。

古典ならではの含蓄のある内容もたくさんあると思うのですが、時間には限りがあります。大学院生のときはとくに忙しかったので、砂漠の中から落とした指輪を探すような、ちょっと効率的とはいえない読書はおもしろくなかったのだと思います。正直にいえば自分の関心がなかったということです。

でも、この点は今、少し反省するときもあります。卒業式や結婚式などで、古典の中の言葉や文章をうまく引用してかっこよくスピーチをする人がいますが、私にはああいう芸当はできないからです。といっても、今の時代は本当にすごいもので、昔の名言や名句が、ネットでいくらでも簡単に出てきます。もし今後使いたくなったら、そのときはネットで探すことになるかもしれません。

5章

頭に残った情報は熟成し、やがて知性に変わる

頭に残った情報は「思考の骨組み」になる

前章では、頭の中の網に引っかかった情報は、やがて個別の細かい部分は抜け落ちて、ほかの情報とくっつき、網が強く太くなっていく、そうなるように情報がたくさん頭の中を通過するようにすることが重要だと述べました。つまり、細かな数字や固有名詞といった枝葉の部分がなくなって、その情報の幹の部分だけになり、それが網に引っかかったほかの情報と結びついて、思考の大きな骨組みになっていくのです。

思考の骨組みになった情報は、さまざまな場面や分野に応用が利くようになり、ほかの情報とよりくっつけやすくなります。もちろん、くっつける側の情報も、大きな骨組みとしてまとまっていれば、ますます広く展開しやすくなります。

「考えるプロセス」の最後の工程は、こうして骨組みになった情報同士をくっつけて熟成させていくことで、自分の問題意識に対する答えを生み出していくところに当たります。

頭の中で枝葉がなくなって残った幹同士がくっついて、太い幹に成長していく過程は、いわば知識が昇華して知性が生まれる過程といっていいでしょう。頭の網の密度がどんどんと増していくわけです。

当然ながら、引っかかったさまざまな情報を太い幹に育てていくためには、3章で説明したような「考えるための頭の土台」が有効になります。つまり情報を抽象化するプロセスが大切になってきます。なぜなら、抽象化するからこそ、別の具体的な問題に当てはめやすくなるからです。

そうやって、できてきた情報の太い幹が、考えている問題意識に対しての解決策を提示してくれる場合も少なくありません。でも、場合によっては、それだけでは何か新しい発想が生まれてこないこともあります。そういう場合には、どうしたらいいでしょうか？

料理の場面でいえば、これは仕上げのプロセスですが、ここで大事になってくるのは、思いがけない組み合わせを意図的につくってみることです。

いかに違う情報同士を積極的にくっつけていくか

最近は、オリジナリティーのあるアイデアを出せと言われることが、どんな業種でも多くなっているようです。しかし人と違うことを言ったり考えたりするには、人とは違う情報が入ってこないと、なかなかできないものです。でも、それは実際問題として簡単ではありません。

ならば、入ってくる情報が同じでも、視点を人と違わせてみるというのが、まず考えられる対応策です。人が真正面からしか見ていなかったとすると、それを後ろにまわって見てみると違った見え方になったり、外側からしか見ていなかったら中をのぞいてみたり、ということです。

しかし、これもなかなか難しい場合が多いと思います。会社の企画会議や戦略会議でも、「人と違う角度からものを見て、斬新な企画を出すべきだ」という言葉が飛び交っているかもしれませんが、言うは易しで、それが簡単にできれば苦労はしません。

実は、目線や視点を変えるための有効な方法が、違う情報をくっつけたり、思いがけない組み合わせを考えることなのです。多くの人がくっつけようとは思ってもみないものを組み合わせてみたり、最終的には組み合わさらなくても、組み合わさらないかと思うことで、自然に視点が変えられるようになります。

これを頭の中で積極的に行って、解決策や新しい提案を探っていくのが、この段階で有効な「考えるプロセス」です。

つまり、自分の中で印象に残っている、つまり思考の骨組みになった情報を、かたまり同士、あるいはかたまりと新しい情報を積極的に結びつけて、解決策を導き出すプロセスです。

3章で述べた土台をつくっていく段階との大きな違いは、解決策を導き出すために、どれだけ積極的に情報をくっつけにいくかという点にあります。思考の骨組みができていると、違う情報を有意義な形で結合させやすいのです。

くっつける二つの情報は、関連したものである必要はありません。私の場合、むしろ意図的に、何か全然違う組み合わせができないかと考えています。

カレーうどんという食べ物があります。みなさんの中にも好きな人は多いのではないでしょうか。

でも、考えてみれば、これはとても不思議な食べ物です。インドのカレーと和風な料理であるうどんというまったく異なったものを組み合わせて、今までにないおいしい料理を生み出しているのですから。このカレーうどんをつくり出すようなイメージで、まったく違ったものを組み合わせてみるのです。

例えば、極端なことをいうと、金融関連の法律の問題を考えているときに、個人旅行で苦労したエピソードを組み合わせてみても、成果があがる場合もあります。そういうまったく違ったものの中に、思いがけないヒントが見えてく

違う情報同士を積極的にくっつけてみよう

「組み合わせ」を考えることで、
解決策や新しい提案が生まれる。

るからです。

具体的には、金融関連の法律問題やトラブルの情報に接していた段階で、やはり騙されるという点が問題の共通ポイントだなあと思っていたとします。これが、大きな意味での思考の骨組みになっています。

けれども、そのときにどんな法律が必要かを具体的に考えるとなると、なかなか良いアイデアが思いつかない場合も多いです。そんなときに、個人旅行で海外に行った際に騙されて苦労したエピソードを思い出してみるのです。

もちろん、そのエピソードは金融に関

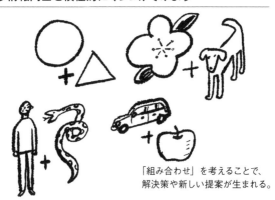

するものでなくてかまいません。でも、騙しのパターンや、騙される側の思考回路をそのエピソードから具体的にイメージすることができれば、法律を具体的に考える際に大きく役立つという具合です。

意図的にそうした組み合わせをしてみて、このエピソードは今考えている問題に使えないかという発想するのです。このようにしてイメージを広げてみるのが、有効な頭の使い方です。

思いがけないものをくっつけてみる、ここがポイントです。

これからの時代に必要なのは結びつける能力

本書の冒頭で述べたように、今の日本は大きな変革期にあります。明治維新や終戦直後と同じく、社会のシステムや人々の価値観が劇的に変化することが予想されます。技術革新によって人工知能（ＡＩ）の研究も急速に進んでおり、これまで人間が行ってきた仕事の多くが人工知能に取って代わられようとしています。一説には、現在ある職業の半数が、これから20年以内に消滅するともいわれています。

そんな時代にあって、私たちに求められるのが「新しい組み合わせを見つけて結びつける能力」だと思います。

これまでまったく関係がなかった二つのことがらに対して、「こう考えればうまく組み合わせたり、結びつけたりできるのではないか」と提案したり実践したりする能力です。そのためには普段からの頭の習慣が重要になってくるのです。

これは、どの産業でもどの仕事でも共通していえることです。とくに経営者にとっては欠かせない能力であり、ビジネスのネタと国や地域をうまく結びつけることは、グローバルに仕事をするうえで欠かせません。

もっと身近な例でいえば、人と人を結びつける能力です。「この人とこの人に、こういうふうに仕事のペアを組んでもらうと、良い仕事ができるのではないか」というように、新しい組み合わせを見つけていくのも、これに当てはまります。

こうした能力が必要なのは、経営者に限りません。例えば、工場や職場にイスラム教徒とラテン系のカトリック信者がいて、どうやったらこの二人が一緒にうまく仕事を進められるかを考える能力が、これからの日本の中間管理職には求められるでしょう。

そのことは、日本国内で会社を動かすにしても避けることはできません。もはや、国内の企業といっても、働く人は日本人ばかりとは限らなくなっているからです。

すでに、シンガポールあたりの企業では、社内にアラブ人も日本人も中国人もヨーロッパ人もインド人も集まっていますから、現地法人のトップには当然のこととして人と人を結びつける能力が求められます。なかなか日本にいるとそういう状況は見えてきませんが、遅かれ早かれ、国内でもそうなるのは確実です。

新しい組み合わせを考えたり、違うものを結びつける能力というのは、人工知能が苦手とする分野です。人工知能が人間に取って代わることができないからこそ、これからの人間に必要とされる能力ともいえます。

抽象化する力を高めて、頭の中で化学反応を起こす

それでは、新しい組み合わせは、ただ組み合わせてみればよいのでしょうか。組み合わせる、くっつけるといっても、単に別々のものをくっつけてみるだけでは、新たな発見や進展は見えてきそうにありません。大事なのは、そこで化学反応を起こすことです。

では、化学反応を起こすにはどうすればよいのでしょうか。

そこで大切になるのが、3章で出てきた、抽象化する頭の使い方です。この

抽象化の力を高めて、まったく異なっているように見える情報を結びつけていくことが有効になります。以下では、そのためにどんな頭の使い方をすればよいのか具体的に考えてみましょう。

歴史の事例を見ていくと、気がはやって不確かな情報に飛びついた戦国武将が、重要な戦いに負けたというような話が出てきます。これを現代の自分の置かれた状況への教訓にするには、このエピソードを簡単な言葉で表して、話を抽象化して、頭の中に入れておくことが有効です。これは、基本的には3章で述べた思考の土台をつくるために、情報を抽象化する作業ですが、その点をもう少し詳しく検討して、さらに発展させていくことを考えてみましょう。

このエピソードには、もともとさまざまなデータが詰まっています。その戦国武将の名前はもちろんのこと、相手の武将の名前、戦いのあった日時や場所、不確かな情報とは何か、どれほどの負けっぷりだったのか、等々です。

もし、このエピソードを自分のビジネス上での判断に役立てようとすると、このエピソードをそのまま使っても意味がありません。そこで、抽象化が必要になります。

当たり前ですが、武将の名前は誰でもよく、そもそも武将である必要もありません。日付も場所も不要です。そして最終的に、「トップが、あやふやな情報をもとに早まった決定をするのは失敗のもと」という骨組みだけの情報に置き換わるわけです。この作業が抽象化であり、情報の骨組み化です。

そのあとで、今度はこの骨組みの情報に、私たちの身近なデータを肉付けしていくのが具体化という作業です。例えば、抽象的な「トップ」という表現を、「社長」あるいは具体的な固有名詞の「○○代表取締役」に置き換えたり、「あやふやな情報」の部分に具体的な情報の内容を当てはめます。もちろん、もっと具体的なデータを加えてもいいでしょう。

こうすることで、戦国時代のエピソードが現代の教訓となるわけです。

歴史の本を読んで現代に生かそうというとき、私たちは意識するしないにかかわらず、こうした作業をしているのです。抽象化では、固有名詞を普通名詞に変え、細かいデータの部分をカットしたのち、普遍性のあるメッセージだけの骨組みにします。具体化では、逆に普通名詞を固有名詞に変え、具体的なデータを当てはめていくということをしていくわけです。

歴史を勉強していくときに、織田信長がいつどうした、豊臣秀吉が何をしたという事実を頭に入れるだけでは、それは単なる知識に過ぎません。そこからは、自分の悩みに対する示唆は得られないのです。

歴史を単なる知識に終わらせるのではなく、そこから何かを汲み取ろうとしている人は、無意識のうちに先ほどのような頭の使い方を行っています。そして、それを自分のことに置き換えたうえで、例えば「あの豊臣秀吉も自分と同じようなところで悩んでいたり工夫をしたりしていたのだろう」と共感を覚えたり教訓にしたりします。

これは実は、抽象化した情報を、具体化させたり自分に置き換えたりする工夫をしていることを意味しています。次はこのような抽象的なものを具体化するステップをもう少し説明しておきましょう。

学問とは抽象的理論から具体的な結果を導き出すこと

情報には抽象的なものも具体的なものもあります。ネットのニュースやブログというのは、比較的具体的な情報が多いといえるでしょう。そうした具体的な情報を抽象化する頭の使い方が大切なことは、これまでも述べた通りです。

一方、これとは逆に抽象的なものを具体化するという頭の使い方もあります。この抽象化と具体化がうまく行き来できるようになると、先に述べたように、思いがけないものを結びつける能力が高まっていきます。

専門書のような難しい本というのは、たいてい抽象的に書かれています。そういう本で学ぶ場合は、抽象化されている情報を、自分の現状の具体的なものに当てはめなくてはなりません。本来の学問での学びというのは、実は「抽象↓具体」のプロセスが大部分なのです。

抽象的な情報を具体化することのメリットは、純粋な学問の分野に限りません。経済学の本を読んでいて、そこから得たものが、まったく経済学とは関係がない化学の話に使えたり、さらには恋愛のヒントにつながる可能性もあります。私はこういうことこそが本当の学びであり、まさにそれが大学に行く本当の意味ではないかと思うのです。

学校で経済学や数学を学んでも、実生活にまったく役に立たないと感じる人がいますが、私はそうは思いません。経済学を学ぶことの利点は、経済に強くなるというのはもちろんあるでしょうが、それよりも経済学の理論というものを、具体的な自分の生活や人生に生かすことが重要です。

本当の学問というのは、このように、抽象的な理論から具体的な結果を導き出すことを指すのではないでしょうか。それを知らずに、ただ抽象的な知識を抽象的なままに覚えるだけで卒業してしまうのは、残念なことといわなくてはなりません。

経済学は学問の中で比較的生活に近いものですが、それが宇宙物理学であっても、例えば日頃の家庭内の悩みの解決策を見つけるのに応用するということは可能だと思います。学問とは本来そういうふうに生活に役立てるべきものだと思います。

また、こうした頭の使い方が無意識にスムーズにできるようになると、さまざまなものが頭に入りやすくなります。例えば、すでに抽象化されたスピーチの骨組みに、さらに別の結婚式で聞いた具体的なスピーチを組み合わせて、一つ削ったり一つ加えたりすることでどんな結婚式にも使えるスピーチ、応用力のあるスピーチが可能になるのです。

こういう作業を頭の中で行っていくクセをつければ、従来の情報を組み合わせて新しいアイデアをつくり出すことが楽にできるようになるのです。

す。

異分野に転換させる頭の使い方を意識する

このように、考える力を高めていくには、「具体」と「抽象」の双方向のトレーニングが大事です。これは、たとえるとジュースの濃縮と還元に当たります。

「具体→抽象」というのは、絞ったジュースをいったん濃縮すること。そして、「抽象→具体」というのは、また水分で薄めて還元することに当たります。この二つの作業を繰り返すことが、思考を高めていくには欠かせないのです。

世の中のニュースを自分の身近な世界に当てはめたり、自分に引きつけて考えるという行為は、こうしたことを頭の中で行っているはずです。それを無意識の習慣にできるところまで徹底できると大きな武器になります。

もちろん、同じように抽象から具体に進めて理解するのでも、経済学の抽象

頭の中で「具体⇔抽象」の双方向トレーニングを繰り返そう

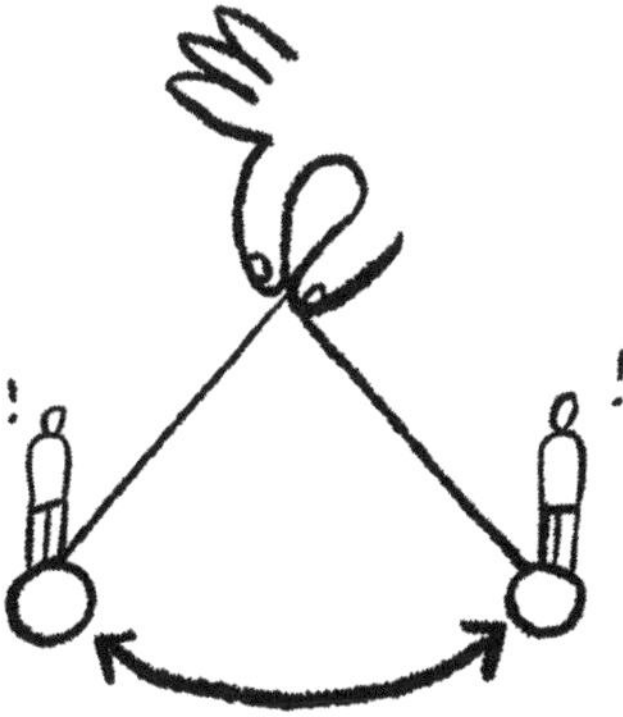

どんな分野の情報が入ってきても、転換して応用できるようになる。

的な理論を経済や経営という同じ分野の具体的な問題に当てはめるだけでなく、もうワンステップ展開して難易度を上げ、経済学以外の異分野に転換させる頭の使い方を意識してみると良いトレーニングになると思います。

「具体」と「抽象」の双方向のトレーニングが身についてくると、どんな分野の情報が入ってきても、ほかに転換して応用できるようになります。

情報を「構造化」できると、応用可能な範囲がもっと広がる

さらに慣れてくると、応用の幅が広がり、情報を「構造化」して頭の中に入れておくことが可能になっていきます。先にも述べた結婚式のスピーチを例にあげて説明しましょう。

結婚式に出席するとスピーチ慣れした人をよく見かけます。そうした人のスピーチというのは、どれもだいたいの骨組みは決まっているものです。ただ、新郎新婦によってバリエーションは当然変えなくてはなりませんから、エピソードの肉付けを少し変えていくことで、多くの多様なスピーチをこなすことができます。

このようなやり方は、骨組みを固めているという点で、「構造をとらえている」という言い方をするのです。

つまり、毎回毎回、新しくゼロからスピーチを練り上げていくと大変なのですが、ポイントを押さえて骨組みができあがっていると、構造化ができているので、細かいところはそれぞれに合わせてカスタマイズすることで対応できるわけです。

このように、単に抽象的に整理するだけではなく、それを構造化して整理しておくことができると、応用可能な範囲がもっと広がっていきます。

もう少し違った例で考えてみましょう。戦国武将の例が、今の会社組織の話に役立つのではないかと発想するようになるのは、武将と上司を抽象化して、共にトップとして整理することができるからです。でも、それだけではなく、トップと部下との関係は、信頼関係が重要だとか、きちんとしたリーダーシップがきっと大事ではないかといったレベルで、（まったく同じとはいえないまでも）共通の構造があると多くの人が思っているからです。このように単なる抽象化ではなく、構造の類似点や相違点に思いをめぐらすことができるようになると、思考の幅が大きく広がります。

何か具体的なものを見たときに、それを別のところに応用するには、共通項を押さえたうえで頭の発想を少し変えないといけません。この共通項が情報の骨組みに当たります。そして、骨組みが一緒なら同じものだと理解するというのが、構造を理解するということなのです。

絶えず自分の問題に置き換える訓練をする

情報をさらにうまく使うためには、絶えず意識して、自分の問題に置き換えていく訓練が有効です。

ある情報を自分の問題に置き換えてみる頭の使い方は、話が上手な人の頭の使い方に似ています。話が上手な人というのは、相手の話の要点を的確につかみ、自分に関する似た話をして場を盛り上げていきます。他人の話を自分の話にして、自分のペースに巻き込んでしまうわけです。テレビで人気のお笑い芸人の方には、こうした技術にたけている人が多くいます。無意識に抽象化と具体化ができているのです。

情報を自分のものにしていくには、そうした頭の使い方が必要です。自分に関心があることがらはもちろん、自分の問題とは無関係のように見える情報も、どんどん自分の話に置き換えてみるのです。

例えば、テレビ番組で、ある人の失敗談が放映されているとしたら、「自分も似たような経験をしたなあ」と思うのでもいいですし、逆に「自分はそういうこととは正反対のことをしているな」と気がつくだけでもいいのです。あるいは、「自分だったらそういうときにどうするのか」を考えてもいいでしょう。どんなことでもいいので、自分に置き換えて考えるクセをつけるのです。これが、情報を自分のものにしていくプロセスです。

もし、どこかで紛争が起きているというニュースに接したら、自分と友人とのいさかいに当てはめてみて、共通点や相違点を考えるというのでもいいと思います。

そうやって情報を自分のものにするクセをつけておくと、情報に含まれているさまざまなエピソードを、人生の教訓にしたり反面教師にしたりできます。これが情報をさらに一段有効活用するやり方です。

先ほどの戦国武将の話は、経営者にとって反面教師にも手本にもなるのはもちろんですが、ほかにも転職に踏み切るかどうかの決断で悩んでいる人にも役立てることができます。

転職と戦国武将の戦場での経験とでは全然違うではないかと思う人もいるかもしれませんが、遠くてもいいのです。前にも書いたように、むしろ、遠い情報のほうが思いがけない発想につながります。

転職の場合は、戦国武将と違って敵を相手に戦うわけではありませんが、参考にできることはいくらでもあります。例えば、戦国武将が不確かな情報に飛びついて失敗したという話から、先輩から「この会社はいいよ」と言われても、それを鵜呑みにしてはいけないという教訓を得ることもできます。もちろん、別の違うエピソードからは、逆に「千載一遇のチャンスを逃してはいけない」という教訓が得られるかもしれません。

そういう、一見矛盾した情報があるときは、さらにそれぞれの背景や状況を検討して、どちらが自分の現況に近いのだろうかといったことに考えを深めていけばいいのです。

こうして、さまざまな情報を自分に置き換えて考えるというのも、情報処理の重要なポイントの一つです。

問題の本質は似たところにある

絶えず自分の問題に置き換えて考えていると、どんな情報でも役立てることができるようになってきます。

例えば、広告や宣伝の効果的な方法を書いたビジネス書を読むと、広報の仕事をしている人に役に立つのは当然ですが、うまい頭の使い方ができている人ならば、まったく関係のない接客業やクリエイターのような仕事にも役立てることができるのです。

突拍子もないと思われるかもしれませんが、そういうことは結構あるものです。

なぜなら、問題の本質というのは似ていることが多いからです。

以前、私のほかに生物学や物理学など、異分野の研究者が集まって、自分たちが直面している問題についてプレゼンをし合うという集まりがありました。すると、分野は違っても、問題の本質は結構似たところにあるのだなということに気づきました。経済学と生物学は、当然ながらまったく違うものですが、経済学で悩んでいる問題と生物学で悩んでいる問題は、驚くほど構造が同じといってよいのです。

生物学はどんどん深掘りしていくと、生物の中にある分子の動きが問題になるのですが、個々の分子の動きはきちんとつかまえることができず、ぼんやりとしかわからないそうなのです。

実は、その構造というのは、経済学において、社会の中で人々が動いている様子を把握しようとするときに似ています。個々の人がどのように動いているかは、やはり完璧な情報としては追うことができず、社会のトータルとして動きを把握するしかありません。

そのレベルで考えると、社会と個人の間の関係と、生物と分子の間の関係とが、まったく同一とはいわないまでも、似たような構造になっていて、研究者としては似たような悩みを持っていることがわかってきます。

逆にいうと、生物学の本を読むことで、それが経済学の理解や経営の問題に役に立つ面があり得るということです。問題の本質を理解することができれば、つまり問題の抽象的な意味合いや構造を理解することができれば、違う分野の情報であっても、自分のテーマを深掘りするのに役立てることが可能なのです。

教養や歴史の本当の意義

さらに、ものごとの本質がつかめるようになれば、問題はシンプルに見えるようになってきます。

ここでは、出版業界の問題点を例に取って見ていきましょう。

もともと活字離れが進んでいたところに、情報を得る手段がネットに移行したことで、今や構造不況業種のようにいわれている出版業界ですが、出版社で働いている人の話を聞いても、閉塞感でいっぱいだと言う人もいれば、打開策を見つけられないと言う人もいます。

このような大きくて複雑な問題を考える場合、重要なのは、問題を分類して切り分けていく作業です。たいてい現状の問題はごちゃごちゃとして整理できていないからです。

例えば、出版業界が抱えている課題と、営業が本を売ってくれないからどうするかという話は、両方とも解決すべき課題ではあるのですが、かなりレベル感の違う話です。本質が何かをつかんだうえで、本質的な問題と、それからもう少し些末な問題と、些末な問題の中でもそういう人間関係から出てきている問題と技術的な問題といったような形で、頭の中を段階的に整理していくことが大事です。

分けていかないとなかなか処方箋は見えてきません。分けていって、それぞれに処方箋を探すわけです。ですから、分ける作業は大事だと思いますし、その切り分け方がうまくできるかどうかで、結局解決策が見つかるかどうかが決まるような気がします。

ごちゃごちゃした問題を切り分けていくと、さらに本質が見えてくるようになります。

では、出版の本質とはいったい何でしょうか。

それは、「伝達」だと私は思います（もちろん、それは「正解」ではありません。私なりに考えた結果つかんだ本質です）。このように自分なりに本質をつかんだら、そこで、伝達という本質に立ち返ってみて、過去の時代にはどのような伝達の方法があったのかを考えていくわけです。そうすれば、問いの方向性が決まり、芋づる式にヒントが出てきやすくなります。

例えば、「紙や文字が登場する前は、どういう形で情報伝達をしていたのだろう」という問題意識を持つことで、紙や文字にこだわらない出版の方法が、いろいろと出てくるかもしれません。歴史を素材にして考えを深めていけば、知的好奇心を満たすだけでなく、仕事に応用できるわけです。もちろん、出版界以外の遠い情報を見ることも大事です。

教養をつけろとか歴史に学べといわれても、あまりにも雲をつかむような話で、何をどうすればいいのか、ピンとこない人も多いでしょう。でも、このような考え方をしていけば、問題意識を持って本や歴史に接することになり、新しい意義や楽しみが見いだせることでしょう。

絶えず視点を変え、頭を揺らす思考実験を

目の前の問題を解決しようと考えていると、煮詰まってきて、どうしても思考が固定化してしまう場合があります。それを崩すためには意図的に頭の中をぐしゃぐしゃとかきまぜる必要があります。

頭の中を揺らしてあげる作業は、本来ならば煮詰まってきたなと思う手前でやらないと効果はありません。煮詰まったという感覚を持ったときではたぶん遅いのです。ですから私の場合、頭をつねに揺らしているというイメージです。

これは何かある程度考えを進めてからという発想ではなくて、絶えず違う角度で違うものを見つけて、頭を動かしていく。そのくらいでちょうどいい加減だと思うのです。

普通、自分が集中しているものであればあるほど、どんどん視野は狭まっていきます。当然ながら最終的に意見をまとめたり、出したりする段階では、視野を狭くしていく必要があるのですが、そうした仕上げのステージ以外は、絶えず発想を変える、まったく違った見方をしてみることが大切です。頭を揺らしていかないと、斬新でおもしろいアイデアは出にくくなりますし、意外性のないつまらない話になりやすいと思います。

この頭を揺らす作業は、大学の授業で教えているときにも行っています。教えながら、絶えず、この教え方でいいのか、違う教え方をしたほうがもう少しわかりやすいのではないか、そういうことを考えているのです。

私は授業の最中でも相当軌道修正をするほうだと思います。教える内容や教え方を生徒の顔を見ながら変えていくのです。もちろん、あらかじめ大まかに教える内容は決めています。でも毎年同じように教えていても反応が悪かったりということがあるので、途中で反応が悪いと、例えばもう少し数式を減らすとか、実例をここで出すというような修正をやっています。ですから、私は授業でパワーポイントは使っていません。パワーポイントで講義資料をつくってしまうと、変えられなくなってしまうからです。途中で調整できるように今でも黒板に書いています。

黒板に書く作業は面倒ではあるのですが、そのほうが私自身もおもしろく教えられます。

むしろ、同じことを、同じように繰り返ししゃべるほうが苦痛でつまらないと思っています。日常的にも絶えず別の視点で客観的に考えている自分というのがいるような感覚です。

とくに、論文を書いたり、何かアイデアを出さないといけないときには必ず煮詰まってくるものです。ですから習慣的に、絶えず頭を揺らしていくことが大事なのです。

間を置く効能

頭を絶えず動かしてもどうにも煮詰まってきたときに有効なのが、間を置くことです。

例えば、論文を書いているときもそうですが、書いたあとしばらく寝かせておいてから見直すと、ずいぶん修正したくなる部分が出てくるものです。冷静になった目で見るせいか、「ここは少し筆が走りすぎているな」と思うこともありますし、最初の執筆当時には見えなかった間違いが見えることもあります。

間を置くこと、つまり時間をかけることの意味は二つあると思います。

一つは、そのことに集中しすぎているために見えなくなっていたものが、集中が解けてくることで見えてきたり、気がつくものがあるということ。もう一つは、時間をかけることで、その間に頭の中でさまざまなことが起きて、そこで新たに入ってきた情報や知識が作用して、また別のアイデアが浮かぶかもしれないということです。

　ですから、考えを仕上げていく段階において、間を置くこと（時間をかけること）にはそれなりの意味があるのです。

深く考えることで、問題意識はより高度なものへと進化する

　たくさんの情報を頭の中に流していると、前に見た情報とは矛盾した情報が見つかることもあります。

　先ほどは「戦国武将が気をはやって失敗した例」を取り上げましたが、それとは逆のケースはいくらでも見つかるはずです。例えば、あるビジネス書を読んでいたら、もたもたと決断を遅らせてしまったために、時流に乗り遅れて失敗した事例が出てくることでしょう。

そうすると、あせって失敗するという教訓と、のんびりしていたら失敗するという教訓を前にして、「この違いはどこから来ているのだろう」という、別の「なぜ?」が生まれてくるわけです。また、さらに別の情報に当たると、「気がはやったおかげで成功した」「決断を遅らせたのがよかった」という話も見つかるかもしれません。

情報同士が矛盾しているように見えたり、原因がよくわからなかったりするかもしれませんが、新しい情報が見つかるたびに、「では、どういうときに決断を急ぐべきなのか?」「時流に遅れたはずの会社が、なぜ最終的に勝者となったのか?」というように、新しく問題意識を追加していくことが重要なステップでしょう。

自分なりの解決策を考え出したとしても、たいていの場合はそこで終わらないのです。問題意識に対する部分的な解決策がもたらされると同時に、新しい問題意識(問いかけ)もまた生まれてきます。ときには、せっかく大量の情報を頭の中で熟成させてきたのに、解決策がほとんど見つからず、新しい問題意識しか生じない場合もあるのです。さらに、新しく生まれた問題意識に対して別の情報が入ってくると、再び新しい問題意識と新しい解決策に分かれていきます。つまり、考えるという行為は、こうした繰り返しがずっと続いていくことをイメージするといいかもしれません。

このように、一つの答えが出るたびに、新しい問題意識が生まれるのですから、考えることに終わりはないのです。

また、解決策と思っていたら、実はそれがうまくいかなかったということもあるので、その場合はまた別の問題意識が生まれます。

難しい問題であればあるほど、１００％の解決策は簡単には見つかりません。結局は問題意識が頭の中で変容しながら、進んでいくことになります。それでも、良い情報を取り入れてよく考えることによって、自分なりの解決策が少しずつ導き出され、問題意識はより高度なものに進化していくのです。

場合によっては、広がりのある大きな問題意識に成長するかもしれませんし、逆に解決していく部分が多ければ細部の問題意識に収束していくかもしれません。いずれにしても、質が変わっていくわけです。

考えることに終わりはない

自分が抱える問題意識に対して、たまたま読んだ本やネット記事に、ダイレクトに100％適切な答えが載っているということはまずありません。

今述べてきたように、たいていはそこから問題が変わっていくだけです。世の中のほとんどすべての問題には、正解がないからです。世の中の問題に正解がないということは、人生や生活の悩みを解決したいときに知っておくべき重要なポイントです。

本やネットの情報によって、当面の解決策や当面の打開策が見つかるということはあるかもしれません。しかし、何かスパッと切れ味の良い答えが出てきて、それですべてが終わるということはないと思っていたほうが確実です。私にとっては、だからこそ考えることがおもしろいと思うのです。

例えば、料理をつくったりコーヒーを淹れたりすることを考えてみてください。そこには、正解というものはありませんし、明確なゴールもありません。何回も同じ料理をつくっていたとしても、「今日はよくできた、これは満足だ」ということはあっても、「今日の料理でとうとう正解に達した」ということはないと思います。

料理の喜びは、毎日少しずつ改善していき、自分なりに少しずつ良いものができたというところにあるのだと思います。その点は料理を趣味にする人だけでなく、プロの料理人でも同じです。試行錯誤しながら少しずつ向上していくことに、ある種の楽しみを見出すのです。

考える楽しみは、これと同じだと思うのです。確固とした正解を求めるのではなく、情報を頭の中で整理しながら、問題意識を少しずつ変容させて深めていき、進歩させていくプロセス自体に楽しみがあるのです。

考えた結果、新しいアイデアが出てきたり、自分なりに理解できたと思えれば、誰しも満足感やワクワク感を覚えることでしょう。たとえ問題に正解がなくても、料理人と同じく、そこに楽しみを見出すことができると思います。

おもしろいと思える方向に頭を使っていけば、それがさらに考えることにつながり、能力も身についていくという、良い循環ができてきます。そもそも、正解は誰にもわからないのです。行動した結果、また自分なりにそこから問いかけを発して、より良い方向に向かうことが大切なのです。

考えることはけっしてつらいことでも小難しいことでもなく、楽しいことなのです。

コラム❺

過去の成功分析をしすぎると、おもしろいものが出てこない

熊本県のＰＲマスコットキャラクター「くまモン」をデザインした水野学さんから、彼の持論を聞いたことがあります。それは、「デザインはクリエイティブな頭が必要だといわれているけれど、過去のデザインの蓄積というのがきちんとないと、クリエイティブなデザインなんかできない」というものです。

確かにこれは正しいと思います。新しい考えというのは、過去に考えられてきた蓄積の上に乗るものだからです。もちろん、過去の蓄積から持ってくる情報というのは自分のものではありませんし、過去の人の考えをすべて受けとめられるかどうかもわかりませんが、情報として把握しておくことはそれなりに大事だと思います。

もっとも、経済学者は逆に過去の学説にとらわれがちなので、過去にとらわれない新しい発想をすることに意義があると思います。それに対して、デザインの

世界はクリエイティブなほうにウエイトが置かれるので、彼みたいな主張が大事なのでしょう。過去の蓄積の大切さは、現在の傾向と裏表の問題なのかもしれません。

私自身が論文を書くときには、過去にどういう学説があったか、あるいはどういう研究がなされているかは、あまり考えません。ほかの人は、すでにある論文と似たようなことを書いては評価されないという意識が強く、過去何があったかをきちんと調べたうえで、「この学説は当然知っています。そのうえでこれを書いています」というような展開をすることが多いようです。

もちろん、論文を提出する前には、そういうチェックは必要になりますが、私は頭の使い方が逆です。まず、自分の書きたいことを書いたうえで、あとから過去の論文や過去の経緯をチェックするという順序で進めます。もし、同じことをやっている人が過去にいたら、その時点で自分のほうを少し変えるようにします。こういう手順で進めないと、新しいアイデアが出てこないからです。

前もって過去の情報を知りすぎると、こうしてもいけない、ああしてもいけないと自分で枠をはめてしまって、良いものができない傾向があります。人がやってきたことを勉強しすぎてしまうと自分のオリジナルの論文は書けないのです。

しかも、誰かがすでにやったことの後追いの勉強をしてしまうと、それでわかった気になってしまいがちです。そうなると、好奇心や問題意識が湧いてこなくなり、新しいアイデアが出るきっかけを失ってしまうのです。

学問の世界は、自分なりの研究ができるかどうかが勝負なので、今までとまったく違う発想とかまったく違う頭の使い方ができているかどうかが何よりも重要なのです。

もちろん、これも程度問題であって、まったく過去のことを知らなければ、新しいアイデアは当然出てきません。その点は、水野さんが言ったように、過去を前提にしないといけませんが、あまりにも前提にしすぎてしまうのも良くないということです。

おそらく、このことは学問の世界だけでなく、ビジネスにも同じことがいえるでしょう。過去に先輩がやってきたことを聞きすぎると、こういうことをしてはダメ、あんなことをしてもダメ、これをやれば成功できるという情報ばかりが入ってきてしまいます。そうなると、自分で自分の創造性を縛ってしまい、できることは先輩の成功例の真似だけになりかねません。しかも、かつての成功例も、今の時代に通用するかどうかの保証はないのです。

過去の成功分析は大事ですが、成功分析をやりすぎるとおもしろいものが出てこないのです。

おわりに

人工知能（ＡＩ）が急速に発達しているといわれている時代です。もちろん、今マスコミ等で騒がれているような革新を人工知能が社会にもたらすのかどうか、どの程度技術が発達するのか、誰にも正確に予測できるわけではありません。

けれども、いずれにしても人間としての強みを発揮できるようにするために、考える力を養っていくことは、今後よりいっそう重要になってくるのは、間違いないことのように思われます。

しかし、考える力を身につけていくには、どうしたらいいのか、そもそも考えるとはどういうことなのだろうと問われると、多くの人はとまどってしまいます。実際、学校等でも、考えるための授業というのが明示的に行われているわけではありませんし、具体的な手法が確立しているわけでもありません。どちらかといえば、みんなが自然と経験から身につけてきたものだからです。

そう考えると、考えを深めていくためにはどうしたらいいのか、よりしっかりとものごとを考えて処理していくためには、どんな頭の使い方、工夫をすればいいのかを、一度整理して言語化しておく必要があるだろうと考えました。本書の第一の目的はその点にありました。

もちろん、それはみんな同じであるとは限りません。人それぞれによってかなり異なっている場合も多いことでしょう。けれども、ほかの人がどんなふうに頭を使っているかも、重要な情報ですし、参考になる部分があるのではと考えました。

もう一つの時代の大きな変化は、洪水のように情報が流れ込んできていることです。ほとんどの人が、スマホやタブレットを通して、大量のSNSやネットニュースを毎日見ていることでしょう。多くの人がその膨大な情報を読むことあるいは見ることに、かなりの時間を費やしていて、ネット上の情報に追われている印象すら受けます。その結果、じっくり考える時間がどんどん少なくなっているようにも感じられます。

また、大量の情報がネット上に流されるようになった結果、自分に都合の良い情報にしか接しない人が増えてきています。技術革新のおかげではあるのですが、SNSやネットニュースでは、その人の履歴から判断して、その人が関心を持っていると思われる情報やニュースが目につくところに流れるような工夫がされています。

このような工夫はとても便利なことで、それによって時間が節約できたりする面は確かにあります。しかし、その結果として、多くの人が自分にとって都合の良いニュースや、自分と同じ考えをする書き込みばかりを目にする事態が生じています。

しかし、人々が見たいものだけを見て、信じている情報だけに接すると、発想が固定化してしまい、新しい進化が生まれにくくなってしまいます。また、思想的にも偏りのある考えが生まれやすくなってしまいます。

そう考えると、この大量情報社会においては、いかにうまく情報を処理していくかがとても大事なことがわかります。また、大量情報を、一部だけ最初から抜き出して把握するのではなく、偏りがない形で、大量に処理することも必要です。

そこで、そのような大量情報時代の、良い頭の使い方、情報処理の仕方を提示したいと考えたのが、本書の第二の目的でした。

さらにいえば、実はこの二つの目的は、別々のものではなく、かなり共通していて、目指すべき頭の使い方は同じものです。大量の情報をうまく使いながら、じっくり考え、解決策を見出していくには、どうしたらいいのか。そのような大量情報時代の新しい頭の使い方を、できるだけわかりやすい形で提示したかったというのが、本書の大きな目的です。

どれだけみなさんの心に届く形でまとめられたかわかりませんが、できるだけ多くの方々の参考になれば幸いです。

文庫版のためのあとがき

本書の単行本出版以降に生じた大きな出来事と言えば、なんと言っても新型コロナウイルスの感染拡大により、人々の生活環境が劇的に変化したことでしょう。もしかすると、読者の方がこの本を手にとられている時点では、感染は終息しているかもしれません。しかし、この文庫版あとがきを書いている2020年末現在、海外への渡航は難しく、多くのイベントが中止になり、世界中で、働く環境や生活の環境に、さまざまな制約や変化が生じているのが現状です。

世の中思いがけないことが起こるものだと実感する2020年でしたが、考えてみると我々の日常生活というのは、実は絶えず思いがけない変化にさらされているものです。それは悪いほうばかりではなく、良い変化も起こり得るということでもあります。

人々の発想というのは、どうしても過去からの経験に縛られがちで、過去の延長線上で未来を考えがちです。今まで真っすぐな道が続いていたとすると、この先も道は真っすぐなはずだと思ってしまう。暗いところばかりが続いていると、突然視界が開けて明るいところに出るとはなかなか考えにくい。でも、突然、道が思いがけなく切り拓かれて、大きなチャンスが生まれてくることもある。突然のコロナ禍は、大変な出来事ではありますが、我々にそういう明るい可能性の存在も教えてくれたように思うのです。

そして、そういう思いがけない変化に対処するうえで重要なことは、やはりしっかり自分で考えるということだと思います。過去からの延長線にはないので、過去の経験則は、そのままでは使えません。誰か偉い人の指示にそのまま従えばいいかというと、その偉い人もよくわかっていないのでそれも正解ではない。そういう状況の中では、さまざまな不十分かもしれない情報や知識を組み合わせて、自分で考え、新しい対処策や方向性を見つけ出していく。こういう姿勢が重要になってきます。

コロナ禍の中で、オンラインでのセミナーを聴く人が増えたり、書籍を購入して新たな知識を増やそうと考えたりした人が多かったのも、きっと、このように何か新しい方向性に関するヒントを得たいと考えたからでしょう。

その際なかなか難しいのは、やはり自分で考えるというプロセスです。

受験勉強に慣れて育ってきたせいか、どうしても、できるだけ多くの知識や情報を、自分の頭の中に覚えておこうとしがちです。そして、その覚えている知識の中から、「正解」を探してしまいがちです。

しかし、これだけインターネットやデジタル機器が発達した世の中においては、自分の頭の中に情報を詰め込んでおくこと自体にはあまり意味がありません。むしろ、どれだけネット上で的確に情報を探し出せるのかが重要だったりします。

また、新しい、思いがけない局面が生じている場合には、過去の情報を単純にもってきても、それが正解になるとは限りませんし、ましてや偉い人が言っていることを、そのまま理解しても正解になるわけではありません。自分の頭で考えて、自分なりのカッコつきの正解を探していくしかありません。

本書では、そのような中で、どんなふうに考えて、自分なりの正解を見つけていけばよいかを明らかにしようとしたものです。自分がどんなふうに頭を動かしているのか、どんな形で情報処理をしているのかというのは、無意識に行っている部分も多く、きちんと説明をして本にしようとするのは、なかなか難しい作業ではありました。幸いにして、多くの方々に好評のうちに読んでいただき、今回文庫版という形で新たに出版できることは、著者として誠にありがたいことです。

本文で書いていることではあるのですが、改めて強調しておきたいのは、頭の使い方や考えるプロセスというのは、習慣によるものが大きく、実は単純にクセを直していくことで、相当改善できるということです。

あの人は頭が良いとか、頭の出来が違うといった表現をしばしば耳にします。その裏側には、どちらかというと持って生まれた能力によって頭の良し悪しが決まっているという発想があるのだろうと思います。

もちろん、オリンピック選手と普通の人とでは生まれ持った身体能力に差があるように、誰もが天才数学者になれるわけでは残念ながらありません。そこに生まれ持った差がないと主張するつもりはありません。

けれども、多くの人が考えているよりもずっと、どんな頭の使い方のクセを持っているかによって、結果が変わってきている部分は大きいです。頭が良いと思われている人は、実は何かのきっかけで、良いクセを身につけていただけだったりするのです。

クセは、直すのには、少し苦労をしたり、時間がかかったりすることがあるかもしれません。けれども、何か特別な能力がなければクセが直せないということはないのです。誰でも時間をかけて取り組めば直せるものです。

これからの時代は、ますます変化が大きい時代になっていくことでしょう。そこでは、誰かが正解を与えてくれることは期待できません。大量に流れてくるさまざまな情報を取り入れつつ、そこから自分なりの「正解」を考えていく必要が出てきます。そのときには、自分がしっかり考えるクセをつけていることが、大きな武器になってくれるはずです。

本文で書いたことは、言い換えると、どんなふうにクセを直して、どんな良い方向にクセづけていけばよいのかを説明したものと言えます。ぜひとも、少しずつでかまわないので、良い方向へのクセづけをしていただければと思います。焦る必要はありません。一度ついたクセは一夜にして直りはしませんが、続けていけばきっと直るものですので。

多くの方にとって、本書の内容が、良い方向にクセをつけて、自分なりに考える練習になれば大変に幸いです。

2020年12月

柳川範之

*本書は、二〇一八年に当社より刊行した著作を文庫化したものです。

草思社文庫

東大教授が教える
知的に考える練習

2021年2月8日　第1刷発行
2021年6月16日　第5刷発行

著　者　柳川範之

発行者　藤田　博

発行所　株式会社 草思社

〒160-0022　東京都新宿区新宿 1-10-1
電話　03(4580)7680(編集)
　　　03(4580)7676(営業)
　　　http://www.soshisha.com/

本文組版　横川浩之

印刷所　中央精版印刷 株式会社

製本所　中央精版印刷 株式会社

本体表紙デザイン　間村俊一

ISBN978-4-7942-2497-2　Printed in Japan

草思社文庫既刊

柳川範之

東大教授が教える独学勉強法

いきなり勉強してはいけない。まずは、正しい「学び方」を身につけてから。高校へ行かず、通信制大学から東大教授になった著者が、自らの体験に基づき、本当に必要な学び方を体系的にレクチャーする。

齋藤 孝

声に出して読みたい日本語①〜③

黙読するのではなく覚えて声に出す心地よさ。日本語のもつ豊かさ美しさを身体をもって知ることのできる名文の暗誦テキスト。日本語ブームを起こし、国語教育の現場を変えたミリオンセラー。

齋藤 孝

声に出して読みたい論語

「論語を声に出して読む習慣は、心を研ぐ砥石を手に入れたということだ。孔子の身と心のあり方を、自分の柱にできれば、不安や不満を掃除できる」（本文より）日本人の精神を養ってきた論語を現代に。

草思社文庫既刊

矢野和男
データの見えざる手
ウエアラブルセンサが明かす人間・組織・社会の法則

AI、センサ、ビッグデータを駆使した最先端の研究から仕事におけるコミュニケーションが果たす役割、幸福と生産性の関係などを解き明かす。「データの見えざる手」によって導き出される社会の豊かさとは？

ブライアン・クリスチャン　吉田晋治＝訳
機械より人間らしくなれるか？

AI（人工知能）が進化するにつれ、「人間にしかできないこと」が減っていく。AIは人間を超えるか？　チューリングテスト大会に人間代表として参加した著者が、AI時代の「人間らしさ」の意味を問う。

アレックス・ペントランド　小林啓倫＝訳
ソーシャル物理学
「良いアイデアはいかに広がるか」の新しい科学

SNSで投資家の利益が変わる、会議で全員が発言すると生産性が向上する、風邪のひきはじめは普段より活動的になる——人間行動のビッグデータから、組織や社会の改革を試みる〝新しい科学〟を解き明かす。

草思社文庫既刊

銃・病原菌・鉄（上・下）

ジャレド・ダイアモンド　倉骨　彰＝訳

なぜ、アメリカ先住民は旧大陸を征服できなかったのか。現在の世界に広がる〝格差〟を生み出したのは何だったのか。人類の歴史に隠された壮大な謎を、最新科学による研究成果をもとに解き明かす。

文明崩壊（上・下）

ジャレド・ダイアモンド　楡井浩一＝訳

繁栄を極めた文明はなぜ消滅したのか。古代マヤ文明やイースター島、北米アナサジ文明などのケースを解析、社会発展と環境負荷との相関関係から「崩壊の法則」を導き出す。現代世界への警告の書。

若い読者のための第三のチンパンジー

人間という動物の進化と未来

ジャレド・ダイアモンド　R・ステフォフ＝編著　秋山　勝＝訳

『銃・病原菌・鉄』の著者の最初の著作を読みやすく凝縮。チンパンジーとわずかな遺伝子の差しかない「人間」について様々な角度から考察する。ダイアモンド博士の思想のエッセンスがこの一冊に！

草思社文庫既刊

谷川俊太郎

一時停止

自選散文1955—2010

詩人・谷川俊太郎の56年間にわたる、生活に関する文章を一冊にまとめた自選散文集。なにかと気忙しく、浮き足立っている近頃、このへんでちょっと一息ついて来し方を振り返ってみましょうか。

保坂和志

いつまでも考える、ひたすら考える

大事なのは答えではなく、思考することに踏み止まる意志だ。繰り返される自問自答の中に立つことの意味を問い、模倣ではない自分自身を生きるための刺激的思考。**『「三十歳までなんか生きるな」と思っていた』改題**

ヘルマン・ヘッセ　岡田朝雄＝訳

ヘッセの読書術

よい読者は誰でも本の愛好家である（本文より）。古今東西の書物を数万冊読破し、作家として大成したヘッセが教える、読書の楽しみ方とその意義。ヘッセの推奨する〈世界文学リスト〉付き。